破綻後、経済を立て直す具体策

3つの用意

福永博建築研究所

海鳥社

まえがき

■ ── 手が付けられない課題

　今、日本の中で、制御不能な事態が起きています。人々は、借金に対して大いなる鈍感という状態になっているのです。口には出せない不安を抱えて過ごしています。

　第1の不安は、日本の赤字国債。どこまで続けていくのか誰にもわからない借金を続けています。使い道が福祉なので誰も文句を言いません。他国に比べ日本は、国債の引き受け手が自国民で、IMFなどの外からのお金に頼るのではなく、国内の円建て・超低金利の借金だから大丈夫という説明をする人がいます。適切なインフレ・ターゲットによって景気が回復すれば、自然増税となり、歳入も増えるという政策が続けられています。

　第2の不安が原発。一旦事故が起きれば、長時間、周辺に甚大な影響を及ぼすばかりでなく、修理どころか、廃炉にすることさえ困難になります。政治家はCO_2の問題などを持ち出して、もはや方向転換し、原発推進へと突き進んでいます。このままの状態を続けていくと、原発をめぐって世論が分断され、人々の精神も消耗していくばかりです。CO_2と生活破壊は別の問題です。

　第3は、農業人口の減少です。販売農家の数は平成17年に200万戸を切り、平成28年の概数値では126万戸となっています。600万戸だった1950年代に比べると、80％も減少しています。

　日本の根本的な問題は、直面する課題にしっかりと向き合って解決するのではなく、ルーズに、その場限りで流してしまうことです。

　エネルギーも食料も、輸入によってお金で買えますから、当面困ることもなく、まるで他人事です。問題の解決を先送りすることで、今現在の状況に甘んじているのです。

　そのため、歳入の不足分は、毎年膨大な赤字国債で賄われています。歴史上の例を挙げれば、ローマ帝国、オスマン・トルコ、大英帝国……いずれも経済の膨張で収まりがつかなくなった国は衰退しています。日本は一度潰れて、改めてその現実に向き合うしかないところまで近づいてきて

いるように思います。

　日本が潰れた時に、国民は初めて目を覚ますでしょう。この本は、その国家的経済危機に向けての「用意」のために書いています。日本はその時、対策として大量のお金を発行します。ハイパーインフレを起こし、債権者である国民に負担を転嫁します。その期間が長いと国民が苦しむことになります。この本は、苦しみの期間を短くするための「用意」です。方向だけは定めておくことが必要です。

　第2次世界大戦後、疲弊した日本の経済を救ったのは、1950年に勃発した朝鮮戦争による特需でした。戦時特需は本来あってはならないことです。日本の国内でこの特需と同じ需要状況をつくり出すための具体的な提案をまとめたのが、この本です。

■── 3つの「用意」とは

①田んぼで電気をつくる（田んぼの発電所）
②マンションを無料で建て替える
③シルバータウンをつくる

　まず1つめは、農業にお金を流すことです。田んぼの上空で農家に電気をつくってもらいます。発電を行う農家数は72万戸で、水稲収穫農家126万戸の約60％を対象とします。昔から整備されている広い田んぼであれば、時間をかけずに用意することができます。投資額は約60兆円規模とします。

　2つめは、古くなったマンションの無料建て替えです。所有者に負担がない方法で建て替えができるようにします。10万戸を対象とし、投資額は約3兆円の規模とします。

　3つめは、シルバータウンをつくり、都市から郊外のシルバータウンへの住み替えを促します。このシルバータウンは、住むことで一定額の収入を得られるような仕組みにします。10万戸を対象とし、投資額は約3兆円とします。

■── 3つの「用意」をGPIFの投資先に

　3つの「用意」とも個人の負担がなく、さらに安定した収入を得ることができます。私は、多くの国民が喜んで協力する方法として、これらを考

えています。個人の経済的負担がなく、電気をつくる、マンションを建て替える、シルバータウンに移住することで、安定した収入を得られれば、その分だけ年金支給額を減らすことも可能です。そうすれば国の支出が減り、直接の恩恵を受けない国民も賛同します。

そして、国の年金積立金を運用しているGPIF（年金積立金管理運用独立行政法人）の投資・運用先を、この3つの「用意」へと組み変えれば、安定して高い運用益を得ることができます。

3つの「用意」はいずれも、国が抱える根本的な問題の解決策です。自然エネルギーの確保、農業の保全、シルバーの住居と年金の問題、これらを解決していかなければなりません。たとえ国が潰れても、年金の制度は潰すわけにはいきません。

そして日本には、何にも増して、平和を続けていくという大きな役割があります。日本が武力を行使せず、平和を続けているということが世界にどういう影響を与えているか、しっかりと自覚しなければなりません。

広島・長崎へ落とされた原爆の衝撃が、その後の核の使用を抑止してきました。国際連合安全保障理事会の5つの常任理事国（アメリカ、イギリス、フランス、ロシア、中国）はすべて、核兵器の保有国です。これらの国々に対して、日本国憲法第9条第1項に学び、各国の憲法の中に交戦権の放棄を明記するよう働きかけることが必要です。

本書の提言は、①平和憲法の積極的輸出、②互恵主義、③地球主義の3つの考え方に根ざしたものです。夢物語だと言う人もいるかもしれませんが、私は実現できると信じています。

本書で述べているような改革ともいえることを理解する人たちが現れ、それぞれの職業の分野で、日本にとって必要な解決策を論議する場所をつくり、そこでまとまった案を政治に反映させていくことが、私の一番の願いです。その人たちは、机上の空論を弄ぶ評論家ではなく、各分野で培った能力を、今度は国全体を考えるという見地から応用し、自らの理想を具現化できる専門家たちです。人間を幸福に導く大いなる意志、つまり「神の意志」とでも呼ぶべきもの受け、実現する能力を持った人たちです。

Contents 目次

まえがき 3

第1章 突然の経済破綻に備える「用意」

Ⅰ 田んぼの上空を使って太陽光発電 ………… 12
1. 田んぼの発電所　12
2. 明治・昭和の大きな農地改革　13
3. 平成の農地改革とは　13
4. なぜ、田んぼの上空で発電するのか　14
5. シルバーの労働力を活用する　15
6. 実例に基づいた提案　16

Ⅱ 1粒の種を蒔く運動 ………… 16
1. 1粒の種が時代を変えていく　16
2. 種を育てるための「平和」という土が大切　17
3. 「日本化」は80年で達成される　17
4. 中村哲氏の活動は「平和」の見本　18

Ⅲ 国が破綻するとどうなる ………… 19
1. 日本の破綻はいつか　19
2. 1986～90年――ブラジルのハイパーインフレ　20
3. 1998年――ロシアの国債デフォルト　21
4. 国家の政策としてのインフレ・ターゲット　23

Ⅳ 井上準之助に学ぶ ………… 23
1. 明治と大正の好景気の違い　23
2. 大正8～9年の空景気　24
3. 大恐慌と金本位制の廃止、そして第2次世界大戦へ　25
4. インフレ政策の限界とその危険性――神意を外れた政治　26

▶第1章で伝えたいこと　28

第2章　破綻に向けての日本の戦略

Ⅰ　「戦略」とは　………………………………………………………30
1. 日露戦争に学ぶ戦略　30
2. 日本経済を回復させるための3つの戦略　30

Ⅱ　国際世論をつくる　…………………………………………………31
1. 第1に、平和憲法を輸出する――「戦争放棄」発祥の国になる　31
2. 第2に、世界に向けて「互恵主義」を提唱する　33
3. 第3に、地球主義を実践する　34
4. 日本の raison d'être（存在理由）を示す意義　34

Ⅲ　つくりすぎたお金を流す有効な3つの「水路」をつくる　…………35
1. 破綻の規模とその影響　35
2. 日本は事前には動かない、当事者になってからやっと動く　36
3. お金を流す3つの「水路」とは　37
4. 年金積立金を投資して年金を増やす　38
5. 長期的な視野のもと、活かされたお金で国土を荒廃から守る　38

▶第2章で伝えたいこと　40

第3章　投資の原資とお金の流れ

Ⅰ　年金積立金の有効な運用　……………………………………………42
1. 国民の賛同を得られる投資とは　42
2. 日本が破綻した時、海外資産はあてになるのか　43
3. 団塊の世代で食いつぶしてしまう前に　43

Ⅱ　100年の会計で考える　………………………………………………44
1. 100年間の運用益と償還金　44
2. 年金支給額を減らすことが一番財政に役立つ　45
3. 未来からのお金　45

Ⅲ 来るべき時に備えて ……………………………………………………46
1 個人の「所有」から「共有」へ　46
2 素早く対処するための準備　47

Ⅳ 3つの「用意」への投資 ……………………………………………………47
1 田んぼの発電所　48
2 マンションの無料建て替え　48
3 シルバータウン　49
4 3つの「用意」の投資額と運用益のまとめ　51

▶第3章で伝えたいこと　54

第4章　[具体的提案その1] マンションを無料で建て替える

Ⅰ マンションは生活を保全できるか ……………………………………56
1 マンションに長く住むようにしなければ　56
2 日本のマンションは変化している　56
3 マンションの長寿化が生活の基盤をつくる　57
4 いつの時代も人々は救済を求め続ける　57
5 ヨーロッパの住宅の知恵　58
6 「100年」という時間の単位　59

Ⅱ 老朽化したマンションを無料で建て替える方法 …………………60
1 「300年住宅」とマンションの無料建て替え　60
2 技術的な背景──建て替えられないマンション　61
3 経済・財政的な背景　61
4 基本的なシステム　62
5 区分所有者の権利　63
6 「300年住宅」の価値　63
7 マンションの無料建て替えの実施例　64

Ⅲ 「300年住宅」の概要 …………………………………………………66
1 基本的な考え方　66
2 300年住宅の実例　68

▶第4章で伝えたいこと　74

第5章　[具体的提案その2] 田んぼで電気をつくる

Ⅰ　小泉元総理への答え …………………………………………76

Ⅱ　「田んぼの発電所」の具体的な目標 …………………………78

Ⅲ　田んぼにパネルを設置するための資金の流れとその効果 ………79

Ⅳ　「田んぼの発電所」の仕組み —— NEDOとの共同研究 …………80
　①実証実験の目的　80
　②荷重と耐風実験　81
　③荒掻き・代掻き・田植え —— 架台の下での農作業　82
　④ワイヤー式架台の特徴 —— 日影と稲の生長　83
　⑤発電コスト　89

Ⅴ　基本の発電量 …………………………………………………90
　①実証実験モデルの1ユニット　90
　②稲作期間中のパネル増加　90
　③農閑期のパネル増加　90
　④1ユニットの発電量　91

Ⅵ　「田んぼの発電所」の設置計画 ………………………………92
　①第1段階：50kWで総発電量の4％
　　　　　　—— 水力以外の全自然エネルギーを超える　93
　②第2段階：100kWで総発電量の8％
　　　　　　—— 水力発電の総発電量をめざす　93
　③最終目標：250kWで総発電量の20％ —— 原発の総発電量に迫る　94
　④送電線使用の優先順位　95
　⑤買い取り価格　96

Ⅶ　田んぼが持つ可能性 …………………………………………96

▶第5章で伝えたいこと　100

第6章　［具体的提案その3］シルバータウンをつくる

Ⅰ　「愛」は社会を変えられるか……………………………………102
1. 社会保障を考える──団塊世代の不安な老後　102
2. 日本経済は戦後72歳──年齢に応じた経済の在り方　104
3. 「和田レポート」でシルバーへの理解を深め、生き方を学ぶ　105
4. シルバー社会に応じた「互恵主義」とは　107

Ⅱ　超高齢化社会におけるシルバーの労働力の見せどころ…………109
1. 高齢者が元気になるまちづくり
　　──介護より病気にならない環境を整える　109
2. 福岡に実在するシルバータウン「美奈宜の杜」　109
3. ハッピーリタイアを過ごす合い言葉は「働・学・遊」
　　──人は住みなれた場所から移り住むことができるのか　112

Ⅲ　シルバータウンで電気をつくる
　　──100タウンに暮らす10万戸の人々……………………………116
1. 住まうことで健康と収入を得るまちづくり　116
2. シルバータウン計画の概要　116
3. シルバータウンの仕組みとお金の流れ　119
4. 年間総発電量の１％を達成するためには　125
5. 「働・学・遊」の考え方　127
6. シルバーにとってのハッピーランド　131
7. 福祉を受ける側から「自立して働く」への変化　136
8. シルバータウンから始まる、原子力に替わる20％のエネルギーづくり　137

　▶第6章で伝えたいこと　140

あとがき　141
参考文献　143

第1章
突然の経済破綻に備える「用意」

原発を抑えることが日本にとって重要です。
「平成の農地改革」を行えば、できます。
日本の田んぼには、その力があります。

I　田んぼの上空を使って太陽光発電

1　田んぼの発電所

　私は今、田んぼの上空で、太陽光発電を行っています。お米をつくりながら、同時にその上空で発電を行い、収入を得る方法を試みています。

　稲作農業を営んでいる人たちにとって、子供たちが、田んぼから得る収入では生活が成り立たないとして農業から離れていくことは、切実な問題です。これは、一農家の個人的な問題ではありません。日本の国土全体から考えても、離農者が増え、手入れがされないままの耕作放棄地の面積が増加し、食料自給率の低下と、里山に象徴される自然環境の破壊につながる深刻な問題です。

　これらの問題が解決に導かれ、現実に田んぼの持ち主の生活が太陽光発電による収入増で豊かになっていくことを知れば、農業を継ぎたい、新たに農業を始めたいという人が確実に増えてきます。

　まずは、1.5反当たり50kWのシステム容量で、年間160万円の売電収入を得るところから始めて、目標とする7.5反で

佐賀県三瀬の田んぼの発電所

年間800万円の現金収入につなげてきます。そうすれば、自分たちもやってみたいと考える稲作農業者が出てくるはずです。これが周辺の地域に拡大し、やがて国全体に展開する運動へと広がっていきます。今までになかったような改革が始まります。

農業者の仕事への意識も変化します。「田んぼの発電所」を通して、未来へと向かう国家規模の財政改革の一端を担っていることを実感できるからです。

以上のような仕組みを「平成の農地改革」として実行していきます。

②明治・昭和の大きな農地改革

日本は、これまで2度の大きな農地改革を行ってきました。1度目は明治6（1873）年の地租改正でした。地租改正によって、政府は、収穫高ではなく農地に賦課し、土地に応じて税を金納させるように制度を変えました。農民は、意欲があれば利益の大きな作物を選んでつくることも、地券（土地の所有権）を買って農業を拡大することも可能になりました。収穫高に応じた年貢と異なり、地租の納税額は3％（後に2.5％）と一定です。頑張って収穫を増やせば、増加分は自分の取り分になります。そのため勤労意欲が湧き、生産量が3倍にも増加しました。

もう1つは、第2次世界大戦後、昭和22～25年にGHQが占領政策として行った農地改革です。不在地主の小作地の全てと、在村地主の1町歩（北海道は4町歩）を超える小作地が、旧小作人に、ほとんど無償といえる額で譲渡され、延べ475万人の小作農が解放されて自営農となりました。それまで農地を持たず、地主の所有する田んぼで稲をつくり、小作料を支払っていた人たちにとって、自分の田んぼの所有権を持つことは、驚くべき大変革でした。

③平成の農地改革とは

2度の大きな改革が、日本の国の在り方を大きく変化させてきました。

今回の提案は、田んぼの上空で太陽光発電を行うという、エネルギーと農業の課題を同時に解決するものです。国の2つの基幹分野を対象としており、日本にとって大きな転換点となります。そのため、これまでの歴史に倣い、「平成の農地改革」と名づけました。その仕組みは次の通りです。

①農地の上空を共有地として取り扱い、そこで太陽光発電を行う。
②発電設備の建設資金は、建設国債を利用する。国が建設国債を発行し、それを日本銀行が買い、GPIF（年金積立金管理運用独立行政法人）経由で出資する。
③農地の中に、部分的に耕作をしなくても良い場所を設定する（農地の一時転用）。
④発電しながら、必ず農業を継続する義務を課す。
⑤送電に際しては、この「田んぼの発電所」などの太陽光、風力などの自然エネルギーによってつくられた電気を優先的に送電する。
⑥田んぼの発電所で発電した電気は、既定の電気料金に10円/kWh上乗せした金額で買い取ることとする。10円は当面の間、消費者ではなく、国が負担するというシステムをつくる。

4 なぜ、田んぼの上空で発電するのか

　現在の農村には過疎と高齢化という、深刻な問題があります。特に稲作農業の現状は、高齢化が進み、従事者の平均年齢は66歳に達しています。専業で農業に従事する人口は減少の一途をたどっています。日本の農業は、消滅の危機に瀕しているのです。

　これまで成長と拡大を当然のこととしてきた日本全体が、人口減少と高齢化という、歴史上経験したことのない異次元の時代に入っていくのです。

　農家が発電を行うにあたっては、各農家自身が設備投資して個別に手がけるのではなく、国家的なプロジェクトとしての大きな改革が必要です。田んぼには所有者が存在しますが、その上空は発電を行うための共有空間であると考えます。ここで重要なのは、その発電が稲作に悪影響を与えないということです。この田んぼの発電所を、日本の稲作農家の60％に当たる72万戸が行えば、国内の総発電量の20％に相当する電力を生み出すことができます。

　その結果、農家の年収はアップして農業が経済的に魅力のある職業となり、後継者問題も解決します。また、田んぼの発電所への投資は、金の使い途として明確です。消費者が、日常的に必要としている電気を、輸入に頼らず創出するために、農業に60兆円近くの大きな投資を行い、国内で循環させることによって、日本経済全体に良い影響を波及させていき

ます。

　売電価格は、1 kWh 当たり32円を想定しています。現在、一般消費者が支払う電気料金は1 kWh 当たり22円なので、差額は10円です。この上乗せ分は、個人ではなく国の負担とします。その根拠は次のとおりです。国内の年間総発電量の20％は約1,800億kWhなので、上乗せ分の年額は、10円×1,800億kWhで1.8兆円になります。一方で、現在は総発電量の90％弱が化石燃料によってつくられており、その輸入額は年間約7.5兆円です。「田んぼの発電所」が目標とする総発電量の20％に換算すると、年間約1.8兆円となります。この分の輸入額が減少し、貿易収支を改善させることができるのです。ドルの負担より円の負担の方が、国民のためになります。

　現代の社会では、天才や大家に源を発するのではなく、多くの人々が主義・主張をもとにしてアイデアを持ち寄り、問題が深く詰められて、解決方法が考え抜かれ、これ以上ないというところまで及べば、運動を展開することができるのです。そしてインターネットなどを活用すれば、それを世界に向かって発信できます。

　本書の提案は多くの人々の利益になることなのです。資本は行く先を求めます。従来の公共事業とは違う、公の共通利益に投資するのです。

⑤シルバーの労働力を活用する

　「田んぼの発電所」の効果を最初に実感するのは、農業に携わる高齢者たちです。先祖伝来の田畑を守ってきた人も、定年後に農業を始めた人もいます。いずれの人たちも、実際に発電によって年間800万円の現金収入が得られることを、確かな現実として身をもって知ることになります。その現実を体験すれば、平均年齢66歳の高齢の農業者たちは、安心して次の世代にバトンタッチすることができます。そして、次々に成功事例が出てくれば、それを見た若い人たちも農業で収入を得る途があることを知ります。その間、効率を考えた農業の機械化と集約化を図れば、さらに新規の若い人たちが参入しやすくなります。

　各地の田んぼに点在させるのではなく、農業全体の改革と変化をもたらすこと、つまり社会事業としての「平成の農地改革」です。次世代が恩恵を受けられる改革とは、一過性の補助金ではなく、持続的な現金収入が得られる仕組みづくり

です。若い世代の人たちの参入を促すべく、参入しやすく、参入したくなる流れをつくります。

⑥実例に基づいた提案

　コンビニのセブンイレブンは、最初１店舗から始まって、消費者の需要に応える品揃えの豊富さ、商品の新鮮さ、店内の清潔さ、そして店員の対応がフレンドリーであることで、既存の大手スーパーや個人商店の売上を上回り、約２万店舗にまで発展しました。

　「平成の農地改革」は、制度の改革としての農地改革を目指しているのです。その第１号の見本が、佐賀市三瀬の井手野に誕生しました。この「田んぼの発電所」は農作業に支障がなく、収穫量に影響を与えません。そして将来にわたる収入増をもたらします。

　「平成の農地改革」を行って、田んぼの上空で発電をする「田んぼの発電所」は、この本で提案している３つの「用意」の中で最大のプロジェクトです。一見不可能に思えるかもしれませんが、すでにそのモデルが実在し、成果を確認できています。本書はそれを踏まえての提案です。他の２つの「用意」──「マンションの無料建て替え」と「シルバータウン」についても、30年に及ぶ研究と実施例に基づいて提案していきます。

Ⅱ　１粒の種を蒔く運動

①１粒の種が時代を変えていく

　時代を変えるために種を蒔き、その１粒の種が収穫され、伝播されることで、意識的に組織化されることがなくても、静かに、それでいて迅速に、驚くほど広範囲にわたって広まっていく。これが理想です。

　「田んぼの発電所」は、今は佐賀の三瀬に１つだけですが、芽吹いた苗から育った種が運ばれるように、次々と各地の田んぼに「発電所」がつくられていけば、それは大きな力となり、東日本大震災前に稼働していた原発に替わる発電量を賄うこともできるのです。この田んぼの発電所が、原発に取って替わるのだと話しても、みな不思議な顔をします。実物を目の前にしても、想像ができないのでしょう。

　私は、30年かけて３つの種を蒔きました。第１は「田んぼ

の発電所」、第2は「マンションの無料建て替え」、第3は「シルバータウン」です。具体的なアイデアを改良しながら、それぞれに実施してきましたが、今回、その3つがつながりました。それぞれの具体的内容については、第4～6章で詳しく述べていきます。

②種を育てるための「平和」という土が大切

そしてもう1つ大切なのは、種を蒔く土壌づくりです。

第9条の「戦争放棄」に象徴される日本国憲法を模範とした平和憲法を多くの国々が採択するよう、誠実に呼びかける。これは、「戦争放棄」を謳った憲法を持ち、第2次世界大戦後、1人の戦死者も出さず、また他国の国民を戦争によって殺すこともしていない国から、国是としての平和を輸出する運動です。この運動によって、世界は徐々に変わっていきます。

国民も自発的に、「戦争放棄」の条文を含む憲法を尊重するような政治家を選ばなければなりません。そこにはメディアの力も大きく影響します。何が正しいか、自分の欲するものがどこにあるのかを知るためには、正確な情報が必要です。メディアの側も、多くの人々が本当は何を求めているのかを考えなければなりません。情報を伝達するメディアの力は重要です。力が集約すれば全国的な運動になるのです。

③「日本化」は80年で達成される

日本の建築の歴史では、新しい文化的な背景を持つ様式が海外から導入され、それが消化されて日本固有のものとなるには、約80年かかっています。これを「日本化」といいます。飛鳥時代を代表する建物は法隆寺と薬師寺ですが、両者には中国から入った建築様式の日本化が見られます。飛鳥時代にインド・中国伝来の仏教建築が移入され、日本の美意識に採り入れられて法隆寺に至るまでが、「日本化」に要した時間であるといわれています。

明治時代の煉瓦造りの西洋建築も、80年経てば、違和感なく日本の風景の中に溶け込んでいます。赤煉瓦造りのルネサンス様式に学んだ東京駅がその代表です。日本は現在そのルネサンス様式を継承してはいませんが、外来の様式だから東京駅を破壊しようとは誰も言いません。

日本国憲法も、昭和20年の制定から70年が過ぎました。あと10年もすれば、「押しつけ」と言われてきたこの憲法も、

法隆寺五重塔

美しい法隆寺のように日本固有のものとなります。

　これからの「土づくり」は、「戦争をしない憲法」を持つ国として、特に「交戦権の放棄」を世界各国に輸出する運動です。「戦争放棄」の条項は、聖徳太子が編纂したといわれる十七条憲法の「和を以って貴しとなす」の仏教的精神に通じるものです。日本人の仏教的な宗教観に裏づけられた倫理観が評価されることになります。この倫理観は、日本人の心の中に刻み込まれています。キリスト教では「愛」、仏教なら「慈愛」の哲学を認識することが必要になるのです。この方向性を理解すれば、対テロ闘争の方法論も変わります。報復の連鎖や核による抑圧など、軍事力の強大な国が力で平和を維持するやり方は限界を迎えています。もっと進化した新しい国家観、世界観が必要です。それが変われば、世界の状況が変わります。

④ 中村哲氏の活動は「平和」の見本

　その先駆的なモデルが、ペシャワール会・中村哲氏のアフガニスタンでの灌漑事業です。日本の国家が、中村氏のやってこられたこと、そして中村氏を支える基盤となっているものを認識し、世界に示すことができれば、そしてさらに、それを別の分野でも実践することができれば、日本の国家としての信頼度は高まります。

　中村氏は、食料（農作物）をつくるためには、そして衛生状態を良好にして病気の原因を取り除くためには、何より清潔で豊富な水が必要であると気づき、アフガン各地に1,600基の井戸を掘る活動を続けてきました。さらに、2000年から始まった大旱魃と戦乱によって荒廃したアフガニスタンの大地を潤し、農業を復興させるために、「緑の大地計画」として大規模な灌漑用水路を建設しました。

　建設前と建設後の写真を並べてみると、違いが歴然としています。建設前には渇いて荒れた砂漠のようだった場所が、建設後には一面緑の小麦畑に変わっています。

　中村氏は国土の荒廃が貧困を生み、貧困がテロを生む、また、鉄砲を撃たれても撃ち返さない平和憲法が身を守ってくれたと述べています。中村氏の活動はいくら評価されても、されすぎることのない偉業です。中村氏の活動がより多くの人々に認識されれば、「難民とテロの問題に対する具体的で有効な対策とは、力で制圧することではなく、豊かな環境をつくる手助けをすることである」という理解が世界中に広ま

2010年3月、開墾中のガンベリ砂漠（ペシャワール会提供）

2011年4月、上の写真と同じ場所に麦が実っている（ペシャワール会提供）

ります。彼は「100年の大計」を持っているのです。中村さんの蒔いた1粒の種を大切に育てれば、次の世代には100粒になります。中村さんは、現代の二宮尊徳といっても良い人物です。

外交も、中村氏にならって平和裏に進めることが必要です。国家的な危機に際しては、このような大改革を指導する人物、あるいは、中心になる思想的基盤が必要になります。

Ⅲ 国が破綻するとどうなる

1 日本の破綻はいつか

現在、地方の再生とエネルギー、少子化が重要な課題です。私が本書の提案を思い立ったきっかけは、現在の日本の財政・経済と環境、さらには国際政治の状況に対して危機感を持ったことです。

日本の財政と経済の状況がここに至るまでの経過と現状については、拙著『米と発電の二毛作』で詳しく述べています。国の財政状態と膨張し続ける福祉予算を見れば、経済の破綻は必然的であると思われます。歴史を見ると、恐慌は突然にやって来ます。その時期については、2020年のオリンピック以降を想定しています。

現在、日本では、国家予算を補うための赤字国債以外に、金融緩和の目的で国債の発行が盛んに行われています。発行した国債を一度民間銀行が買い取り、それを再度日銀が直接買い取っています。この額が年間80兆円以上、3年間続けられているので、日銀の国債保有残高は累計400兆円以上になるでしょう。ダムに水が貯まるように、流入したお金が堰き止められた状態です。日銀の国債買い取りによって貯まったお金の健全な流れをいかにしてつくれるか、ということが本書のテーマの1つです。

特にバブル崩壊以降、長年にわたって旧大蔵省（現財務省）が発行した赤字国債の額は増加し、累積1,060兆円と発表されています。発行の裏づけとなっている国民の預貯金の総額1,200兆円から1,000兆円を引けば、あと200兆円ほどしか残っていません。年間40兆円の赤字国債を発行し続けると、5年間で200兆円になります。これが、日本の破綻を4年後の2020年オリンピック後と予測する根拠になっています。つまりこの4年間が、具体的に破綻からの立ち直りを早める

図1　国債の保有比率（平成28年3月）

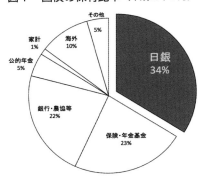

ための準備期間なのです。

　しかし、国債の不調によって起きる破綻は、国民全体にその影響が及びます。赤字国債の裏づけであるはずの国民・企業の預金、そして保険は、国債を買うことで運用されているからです。一旦銀行が潰れれば、1,000万円以上の預金の保障はありません。政府はデフォルトを避けるため、さらに国債を発行し、その国債の償還に当てるために法律を定め、国民の預金を封鎖し、事実上その大半を収奪するという方法をとることが想定されます。銀行預金が危なければ、箪笥預金をと考えがちですが、通貨の切り換えがあれば、旧貨幣は使用不可能になります。

　このような破綻は、近年、いくつかの国々で起きています。それらの国々ではいずれも、インフレが起き、国民の資産である預金の封鎖や、財政改革として公務員の人員削減が行われて、社会保障費も大幅に削られています。都市の年金生活者は困窮し、生産活動の落ち込みによって雇用環境も悪化しました。

　日本でも第2次世界大戦後（昭和21年）に、財政再建・戦時利得吸収・インフレ抑制のため預貯金の引き出しに制限を加え、その間に旧紙幣を新紙幣に切り替える「金融緊急措置令」「日本銀行券預入令」が施行され、さらに富裕層を対象に1回限りの賦課として累進課税方式で最高税率90％の「財産税」が実施されました。この財産税のため有産階級は崩壊しました。

2 1986〜90年——ブラジルのハイパーインフレ

　最近の例でいえば、1986〜90年のブラジルがあります。ブラジルは、1964年以来の軍政から1985年に民政に復帰し、「奇跡」といわれるほどの経済成長を果たしましたが、巨額の財政赤字と対外債務によって、1カ月間に80％も物価が上昇するハイパーインフレが起きました。1990年、当時の大統領フェルナンド・コロール・デ・メロは、1口座当たり5万クルザード（約600米ドル、約7万円）を残し、全ての銀行預金と証券投資口座、債券投資口座の80％を没収しました。そして、新札を発行しましたが、国民の手に渡ったのは翌年の1991年でした。

　写真の紙幣は、ブラジルで実際に流通していたものです。中央に100という数字の入ったスタンプが押されています。左下の数字を見ると、もともと100,000という単位のお札

だったとわかります。貨幣価値が1,000分の1になっているのです。こんな紙幣が流通していたというのは恐ろしい話です。

「100クルザード」のスタンプが押された紙幣

　ブラジル政府は、景気の回復と株価浮揚のためにお札を増刷し、国債を大量発行して、貨幣価値が1,000分の1になるインフレを引き起こしました。印刷が間に合わず、このような恐ろしい紙幣が生まれたのです。

　政府も人員を削減し、1990年から91年までの間に5万人の官僚を解雇、政府系機関の大半を閉鎖、あるいは民間に売却しました

　1991年当時、私の会社は、ドアの買い付けのためにブラジルのクリチバという町に出向きました。先方の会社は、エコロジカルな材料の供給システムを持った120年続く会社であるにもかかわらず、急激なインフレのために製品の価格が定まらず、なかなか契約が結べませんでした。正直、ブラジルほど豊かな国土でこんなことが起きるとは信じられませんでした。

③ 1998年――ロシアの国債デフォルト

　1991年の旧ソ連崩壊後、92年、新生ロシアは統制経済から自由経済へと転換しました。物価は、需要と供給のバランスに応じた自由競争となり上昇し、さらにCOMECONの解散によって、東欧諸国で、比較優位にある製品を融通し合う仕組みが崩れ、生産が減少しました。そして、冷戦時代からの軍備拡張や国営企業の民営化を促す補助金を捻出するために財政は赤字となり、補塡のために中央銀行が紙幣を増刷して国債を引き受けていたので、通貨は供給過剰となりました。このような条件のもと、92年と93年には1,000％前後のハイパーインフレが発生しました。日本の日銀にあたるロシア中央銀行による巨額の資金供給もあり、インフレの加速で年金受給者など固定給生活者の多くが貧窮しました。

その5年後の1997年にはインフレは収束し、実質経済成長率は新生ロシア誕生以来、初めてプラスとなり回復の兆候を見せていました。ところが折り悪しく、アジア通貨危機が発生し、そのあおりで国債デフォルトとなったのです。

アジア通貨危機では、米ドルと連動（ペッグ）していた東南アジア諸国の通貨の為替相場が、アメリカの景気浮揚に応じて1990年代後半に上昇した結果、相対的にアジア諸国の輸出は振るわず、経常収支は赤字となりました。米国などのヘッジファンドは、過大評価されていたアジア各国通貨を売り、各国の通貨当局はそれを買い支えられず、変動相場制に切り換えざるを得なくなり、アジアの通貨（価値）は急落しました。ロシアもその影響をまともに被り、主要な輸出品の価格が下落し、財政が悪化したのです。

1998年8月17日、ルーブルが下落、政府債務不安で長期金利が急騰するという財政・通貨危機が発生し、短期国債（翌年末に満期）の支払い停止、民間の対外債務返済の90日間停止という事態になりました。事実上のデフォルトで、国債は一時的に無価値となりました。

ロシア経済は旧ソ連崩壊後、不安定なままで、政府債務はGDP（2,891億ドル）とほぼ同じだったと推測されますが、国債の支払い停止は不測の事態でした。政府と債権者との間で短期国債の債務再編の交渉が行われ、翌99年3月までには現金による償還と新たな短期国債への転換でデフォルトは収まりましたが、国債は約50％減価しました。国債に投資した商業銀行は巨額の損害を被りました。銀行の自己資産は、98年8月初めの1,020億ルーブルから、99年5月には460億ルーブルへと半減し、物価高騰（＋27.68％）により、相対的に実質的な資本の80％は失われました。ルーブルの減価で、銀行の外貨建ての負債は事実上増加し、破綻する銀行も出てきました。実体経済では、輸入インフレで生産活動は落ち込み、失業率が上昇（1998年：11.89％、1999年：13.0％）しました。さらに、当時ロシアが、負債を補う資金をつくるために国内に保有していた大量の金を放出したため、国際的に金の価格が半額（1g＝1,000円）にまで下落するほどでした。この状態は、99年の初春まで続きました。

1999年春頃から、原油、天然ガス価格が高騰し、いずれの埋蔵量・生産量も豊富なロシアは輸出が増えて経常収支が好転し、国債デフォルトや金融不安の危機を比較的短期間で脱したのです。また、ルーブル安で輸入品価格が高騰し、相

対的に割安な輸入代替産業を活性化させました。

4 国家の政策としてのインフレ・ターゲット

　ブラジルやロシアの破綻に共通しているのは、預金封鎖の原因を長年にわたって政府自体がつくり、政権を維持するために景気浮揚、株価対策として紙幣を増刷、国債を大量発行することで、物価を引き上げ、インフレを発生させていることです。

　第2次世界大戦後の日本でも、政府の大量の国債という負債を帳消しにするために、新通貨を発行して旧通貨との交換を1人100円（現在の貨幣価値で約5万円相当）に制限し、借金（国債）を一挙に無価値にしました。合わせて預金の引き出し額を制限し、国民の蓄えをほとんど全額没収したのです。

　このように紙幣増刷、国債大量発行のツケは必ず国民が支払うことになるというのが今までの歴史的事実なのです。法律を定めて、合法的に国民の資産の没収が行われるからです。国家の財政が破綻し、ハイパーインフレが起きることが、いかに恐ろしいことであるかを、このような歴史上の事実が物語っています。必然的に失業者が増え、年金は実質的に30〜50％減額されることになり、生活費として十分とはいえない額になります。国民はまさに「塗炭の苦しみ」を味わうことになるのです。

Ⅳ　井上準之助に学ぶ

1 明治と大正の好景気の違い

　これと同様のことが、第1次世界大戦後の日本で起こりました。当時の日銀総裁で、後に浜口雄幸内閣の蔵相を務めた井上準之助は、大正期の景況感について、大正14（1925）年の東京商科大学（現一橋大学）における2度の講演で述べています。その中で、彼は次のような分析をしています。

　大正時代の恐慌の前、第1次世界大戦の4年間に、戦時の特需で日本の国は大変豊かになったという錯覚をしていました。大戦を通して、金の保有高で約28億円（現在の貨幣価値で約1.5兆円に相当）という大きなお金が富（金貨）として手に入りました。日清・日露戦争後の好景気という経験があったために、その後、景気が急に悪くなっても、人々はま

たすぐに良くなると信じ、浮かれていました。その結果、保有していた金を損失させました。

　ここで、明治（日清・日露戦争後）の好景気と、大正（第１次世界大戦後）の好景気では質が違うことを認識しておかねばなりません。明治の２つの戦争後の好景気は、戦争の当事国であった日本が、戦時中に戦費を使い、財界不況であったのが、終戦によって景気を回復した結果です。つまり、実体経済を反映した好景気でした。しかし、第１次世界大戦では、日本は当事国ではありませんでした。実際に戦っていたヨーロッパの国々では、日用品の工場が軍需製品の生産に転換され、輸出はおろか、国内向けの生産も滞る中、日本がその生産を引き受け、戦時の特需で好景気となっていたのです。当然、戦争が終われば特需もなくなります。ところが、大戦中に28億円もの貿易黒字を蓄え、日清・日露の戦後の経験から、戦争が終われば景気が良くなるという思い込みが国民全体に行き渡っていました。それが第１次世界大戦後の国内の状況でした。

②大正８～９年の空景気

　大正８年の６月頃から半年間で急に景気が上昇し、いわゆる「空景気」の状態で綿糸や生糸あるいは鉄の価格がひとりでに上がっていきました。井上準之助が講演の中で述べているように、例えば、綿糸の値段が大正３年には（当時のお金で）１梱100円のものが、７年には400円、８年には700円になり、９年にはがらがらと崩れるように320円になりました。投機によって実体を伴わずに値上がりしたものが、経済が崩壊し、急激に暴落したのです。

　綿糸の暴落は輸出入に大きな打撃を与えました。高値で買い取る契約をしていても、買い取る時点で相場が下落していれば、約束の値段では買い取れないと言われます。そのために取引は止まってしまいます。また、値上がりを見込んで（転売するつもりで）相場より高く買った者は、暴落によって、より大きな損失を被りました。当時は金の保有が、取引の際の裏づけでした。投機の対象は製品ばかりではなく、不動産にも向かいました。生産量の拡大や設備投資を見越して、工場用地になりそうな土地がターゲットとなりました。しかし、製品が値崩れを起こせば、必然的に生産は縮小し、工場用地の価格も暴落しました。

③大恐慌と金本位制の廃止、そして第2次世界大戦へ

　昭和に入り、ウォール街の株価の大暴落に始まった大恐慌の際、浜口雄幸内閣の蔵相であった井上準之助は、当初金輸出解禁を行い、当時の貨幣価値で2億8,800万円もの正貨（金貨）を国外に流出させてしまいました。しかし、金本位制が不況の一原因であることに気がついた次の犬養毅政権（1931～32年、高橋是清蔵相）は、金本位制度をやめ、初めて日銀が国債の買取を行いました。日銀が大量の資金を市中に供給することによって、短期間で景気を回復させたのです。約3年で景気は回復しました。今日の日銀が行っている金融緩和策の先駆です。

　高橋是清蔵相の時には、インフレ政策によって2～3％のインフレで、7％の経済成長率を達成しました。この前例に倣い、同じことを現安倍政権も行おうとしています。高橋蔵相のこの政策は、2～3年は何とか持ちました。一方で、その間に軍事費も増大しました。軍部が勢力を強め、やがて昭和6年に満州事変を起こし、中国との戦線が開かれることによって、膨大な軍事費が使われたのです。高橋は軍部に対して批判的であり、軍事費の削減を目論んでいました。高橋は閣議で陸軍の幼年学校出身者を痛烈に批判します。

　およそどこの職場に働く者でも、その必要とするいわゆる常識は、中等学校で涵養(かんよう)されるべきものだ。現に、陸軍より遥かに特殊な知識技術を必要とする海軍では、中学校から兵学校に進んだ者で、結構用の足りる立派な海軍士官が養成されているじゃないか。陸軍だけが、普通人の常識涵養所たる中等教育を受けさせず、小学校から直ちに地方幼年学校に入れ、社会と隔離した特殊の教育をするということは、不具者(ママ)をつくることだ。陸軍ではこの教育を受けた者が嫡流(ちゃくりゅう)とされ、幹部となるのだから、常識を欠くことは当然で、その常識を欠いた幹部が政治にまで嘴(くちばし)を入れるというのは言語道断、国家の災いというべきである。

　　　　（藤村欣市朗『高橋是清と国際金融』福武書店、1992年）

　昭和11年の総選挙では高橋を支持する議員たちが票を集め、挙国一致内閣が模索される最中(さなか)、二・二六事件が起きます。高橋は斎藤実内大臣などとともに暗殺されてしまいます。上

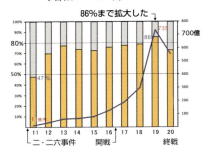

図2 歳入に占める軍事費の割合
（昭和11〜20年）

記の発言で陸軍幼年学校出身者たちの恨みを買ったことが、事件の要因という人もいます。二・二六事件と軍事費の問題は無関係ではありません。ただし、満州事変の際には軍事費の拡大は景気を刺激するほどには至らず、昭和11年までは横ばいの状態で、昭和12年に日中戦争が始まって以降に、また拡大しています。高橋の後任の馬場鍈一蔵相は、軍部に対して金額の部分が空白のままの小切手を振り出したのです。

金本位制を止めることによって、市中に流通させる金の上限がなくなります。現在ユーロ（€）に関してEUで同様のことが起きており、イギリスがEU離脱を決める原因の1つとなっています。

4 インフレ政策の限界とその危険性
―― 神意を外れた政治

「金本位制を止め、貨幣の供給量の上限を決めずに市中に十分な貨幣を流通させれば、景気は回復する」、これは、「管理通貨制度」と呼ばれるケインズ経済学理論の基本です。今の日本や欧米の国々もこの考え方に倣っています。これが銀行を助けています。

しかし、やがて、貨幣と国債発行の増大が止まらなくなっていきます。このことが、いずれ借金で借金を返す悪循環を生むのです。

この先、もし国債デフォルトによる破綻が起きれば、経済の規模から見て、1929年の大恐慌に匹敵する規模になるのではないかと思います。それを、いかに少ない打撃で終わらせるかということが、本書のテーマです。

そのためにも、エネルギーを自然エネルギーに変えることと、農村の過疎と少子高齢化の問題の解決が重要になってきます。これらの問題と密接に結びついた、緩やかな社会改革を行うことで、財政破綻への対策となる戦略を考えていきたいと思っています。

私は、次のような理由から政治家にも理解して頂きたいのです。

かつて政治は、「まつりごと」と呼ばれ、「神意」を託された者が執り行っていました。この場合の「神」とは、具体的な特定の宗教の神ではなく、人間を超越した高次元の存在という意味です。その「神」は、人が争い、奪い合い、殺し合う、あるいは餓えることを望んではいません。その原因になることを、人間が叡智を以て取り除くことを望んでいるので

す。政治の基本は、「神意」を実現することです。

　私は祭政一致や神政政治を肯定しているのではありません。また、神がかったカリスマのある独裁者は、弊害ばかりで危険な存在です。ただ、専門家には「神」の心を実現するのだという自覚と責任が必要なのです。

　現代では、国家の方針を決定する役割は、選挙で選ばれた政治家に託されます。数の論理による選挙制度は、ともすれば人気投票になりがちですが、選ぶ側にも有徳の士に神意を託すという真摯な姿勢が必要だと考えます。

　私は政治家ではありませんが、建築の専門家として、「神」の望むことを考え、それを提案しています。人が争い、餓える、そんなことが生じる環境にならないように考えを突き詰めてきました。政治家は、各分野の専門家が理論的な根拠に基づいて行った提案に意味づけをして、実行する立場にあるということを自覚して欲しいのです。

　本書で提案している３つの「用意」は根本でつながっています。日本が抱える問題の総合的な解決策として、この３つの提案が有効であると、私は信じています。原発の代替エネルギーとして、これ以上の提案があれば、私は即座にこの提案を取り下げます。評論や分析で止まるのではなく、具体的な取り組みを積み重ねていくことが大事です。

　想定している日本経済の破綻は、すさまじい変化をもたらします。おそらく、回復に至るには国家予算の何倍もの資金が必要となります。歴史の教訓をひもとけば、投入した資金以上の効果がなければ、投資としての意味がありません。この投資の主要な目的は、原資を増やして貯えることではなく、現在の借金を返済して、お金を必要としているところに配分することです。日本の体力を根本的に改善させなければ、お金の価値が有効には働かないのです。

第1章で伝えたいこと

　3つの「用意」で掲げている「田んぼの発電所」は、原発の替わりとなり得るものです。この規模のプロジェクトを成立させるには、大変革を行うことが必要です。名づけて「平成の農地改革」です。農家の売電収入が800万円になれば、農業者の人口が増えることは目に見えています。農地には人を養う力があり、電力をつくる広さがあります。

　中心となる考えは、「平和」です。日本が平和でなければ、全てのことの根本がぐらつくので、平和を目標の一番上位に置いて考えていきます。エネルギーは平和に直結しています。

　3つの「用意」の本格的なスタートは、国が潰れてからです。潰れると、経済がインフレになり、資産が減ります。インフレ率が1,000％になったロシアやブラジルの例を知ることが大切です。通貨の切り換えにより10万クルゼイロに「100クルザード」のスタンプが押された紙幣が、その恐ろしさを物語っています。

　ここで大事なことは、潰れた2国は比較的早く立ち直っているということです。両国は、天然ガスや鉱物、農業の開発を行って回復しました。日本は天然資源を持ちません。広い田んぼの上空で発電することは、天然ガスなどのエネルギー開発を行うことと同じであると考えて下さい。

　経済が潰れた時に、大量のお金をつくって投資する先が農業なのです。

　井上準之介は、「第1次世界大戦のおかげで日本は27億円の金貨を稼いでいながら、使ってしまった。大戦後も好景気が続くと国民が思い込んでしまい、投機の思惑が外れ、ガラポンで崩れてしまった」と回顧しています。そのあと高橋是清は金本位制を止め、軍の予算を減らしたことから、二・二六事件で軍部の暴発を招きました。その後も政治が軍の台頭を抑え切れず、満州事変を起こされてしまいました。経済の破綻は、その対応を間違うと、戦争へとつながります。

　まず、原発を抑えることが日本にとって重要です。日本の田んぼにはその力があることを示さなければなりません。

　原発に替わる方法として、「平成の農地改革」を行い、田んぼの30％、72万戸の農家、約60兆円の大金を使えば、まずエネルギーと農業が安定します。危機の時、立ち直るためのお金の使い途として、原発の替わりに「田んぼの発電所」をつくることを選ぶ──これを最大の要と位置づけます。

第2章
破綻に向けての日本の戦略

破綻した経済を建て直す時、
本当に必要なところに資金を循環させる
「水路」をつくります。

I 「戦略」とは

1 日露戦争に学ぶ戦略

　目的を達成するための戦略とその効果を、一番はっきりと確認できるのは、戦争に際しての戦略です。ここではその実例として、日本の歴史上、最も成功した戦略といえる日露戦争時の戦略を箇条書きにしてみます。非常に簡略でわかりやすい戦略として構成されています。特に第2次世界大戦時の戦略との大きな違いは、初めから力の差を認め、限定戦争として終局させることを目論んだことです。

　①国際世論を味方につける
　②海外から戦費を借款する
　③局地戦に勝つ→戦費を世界中から調達できるようにする
　④講和条約によって限定戦争にする
　⑤ロシア国内を政情不安にし、日本との戦争に集中できないようにする（ロシア革命を起こすように画策する）

　このうち⑤は別にして、①〜④は、経済破綻に際しての戦略に応用することが可能です。

2 日本経済を回復させるための3つの戦略

　日露戦争時の「戦略」とは、当然ながら、武力を行使して行う戦争に勝つための基本方針です。国と国との争いに勝つことを目指し、全ての知恵と力を結集して、「勝利」をもたらすための手法でした。しかし、ここで述べる「戦略」とは、戦争のような不幸な状況を生み出すことなく、日本の経済を回復させるための戦略です。

　それは、次の3つで構成されます。

　［その1］国際世論をつくる。
　　　　　平和憲法を輸出する。
　［その2］「平成の農地改革」を行い、
　　　　　食料とエネルギーをつくる。
　［その3］つくりすぎたお金を流す
　　　　　有効な3つの「水路」をつくる。

　まず、その1で、日本の平和に対する基本姿勢を明確にしていきます。

その2では、日本に最も欠落しているエネルギーを自国で賄う手段として、「田んぼの発電所」をつくります。エネルギーという国の根幹をなす部分を強靱にしていくことで、他国の支配を受けない国づくりを図ります。過去の歴史に学び「平成の農地改革」を行い、同時に稲作を中心とした食料の自給率を高めます。

　その3では、破綻後にお金を使う水路をつくります。破綻が起こることを前提に、お金の流れを予めつくっておくことで、経済回復を早めることが目的です。歴史的には、第1次世界大戦時のヨーロッパ特需、第2次世界大戦後の朝鮮戦争特需などが、これに近い状態です。しかし、歴史上に残るこの2例と決定的に異なる点は、戦争という他国の悲劇を踏み台に景気を回復するのではなく、平和裏に事を進行させることです。実体経済に立脚した年金積立金の投資先を3つ用意します。問題の大きさ故に誰も手をつけようとしない、現在の日本の根本問題である年金の給付に少しでも貢献し、国民の生活を安定させ、高齢化社会の不安を払拭することを最大の目的としています。

　3つの戦略は、まず世論を形成し、その後押しによって食料とエネルギーを生産して効果をあげ、万一の場合に、一気に大量の資金の集中投入を図ってハイパーインフレにならぬようにする、という構成になっています。これが建築の専門家である私からの提案です。

Ⅱ　国際世論をつくる

1 第1に、平和憲法を輸出する
——「戦争放棄」発祥の国になる

　3つの戦略の中で特に重要なのが、その1の「国際世論をつくる」こと、つまり世論を味方につけることです。日本の国を好きになってもらって、日本が困った状態になった時に、立ち直り再生して欲しいという声が起こるようにしておかなければなりません。世界平和のためには日本の役割と存在が必要であるという国際世論をつくるには、改めて現実と向き合い、第1に平和憲法を積極的に輸出することが有効です。

　現在の世界は、軍事や経済の強い国が発言力を持ち、国際社会を牽引しているという状況です。日本が軍事力に依らずに自国の主張を通すためには、かつて戦争によって他国を支

配しようとして、相手国にも自国にも甚大な損害をもたらしたことへの反省を踏まえて制定された日本国憲法の理念に立ち返る必要があります。中でも重要な条文は、第9条の「戦争放棄」です。これがある故に、第2次世界大戦後、日本は戦争をせず、国家として他国民をひとりも殺さずに今日まで来ています。実は、世界には日本と同様に他国との交戦を否定する条文を含む憲法を持つ国が、スペイン（1931年制定）をはじめ、100カ国以上存在しています。その意味では日本だけではないのですが、多くの国々の「戦争放棄」の条文は実効力を持たず、世界では武力紛争が絶えません。

　日本はこの平和憲法を、強い国民的合意のもとに世界の国々に輸出することで、「平和」を武器に「戦争」と闘わねばなりません。それは、「戦争反対」とか「反核」といった受動的な反応（reaction）ではなく、創造的な観点から「平和憲法」を輸出するという能動的な行動（action）です。つまり、新しい言論の輸出であり、世界中に共鳴する、わかりやすい言葉を伝えることであると思います。目標は、全ての国連加盟国の憲法を「平和憲法」に変えてもらうことです。

　一般的な（武力行使をする）戦争の目的は、詰まるところ、相手国の国家体制（constitution＝憲法）を変えることにあります。資本主義を変える、社会主義を変える、いずれでも同じことです。日本は今、「平和」をより具体的なものにしていかなければなりません。年金の問題がさらに深刻化して、国家が破綻した時に、国民が初めてその怖さを知り、多くの人々が何が大切なのかということに気づきます。

　現在、EUの各国が、ギリシャを救済するために策を講じています。ギリシャの破綻が他のEU諸国へ波及することを防ぐ目的もありますが、そればかりではありません。ギリシャは、ヨーロッパ文化の源泉として、永く憧憬と崇拝の対象でした。ヨーロッパの人々にとって、ギリシャは、決して滅亡させてはならない国なのです。日本もそう思われる国にならなければいけません。

　戦後の日本は、今では考えられないほどの貧しい国でした。人々はアジアの戦地においての殺戮と破壊、国内での空襲という悲惨な戦争の現実を体験したばかりでした。そのような時代には当然、経済を建て直すために、再び戦争を起こして内需を拡大するなどという発想は生まれません。朝鮮戦争による特需に救われた時も、人々はむしろ戦争への不安を感じたほどでした。さらに、そこから思考を深化すれば、必然的

に戦後日本の原点としての平和憲法の輸出ということに行きつきます。日本が平和憲法に明記している「戦争放棄」の発祥の地になることで、世界にとって必要な国であるという存在理由を示すことができます。

2 第2に、世界に向けて「互恵主義」を提唱する

　第2に、「互恵主義」を提唱することです。人間は個別の問題で対立することがあっても、全体として相手を赦(ゆる)すことによって、初めて寛容の精神というものが生まれます。赦すということ、それも無条件に赦すということで、相手側にも同じ寛容の精神が生まれます。赦すことが困難でも、報復をしないこと、それが「お互い様」、つまり互恵主義です。互恵主義とは、お互いに赦し、恵み、尊敬することです。そうすることで格差のない、摩擦のない社会につながっていきます。この互恵主義が、国際世論形成の前提となる原則の1つです。互恵主義については第6章「シルバータウンをつくる」でも詳しく述べています。

　日本の高齢者の心の深層には、戦争は決してしてはいけないという思いがあります。その思いを、もっと大きな力に変えていくべきです。それは第2次世界大戦を経験し、原爆の惨禍を知る人々の魂の声です。原爆の惨状が想像を絶するものであることを、日本の被爆者が折に触れて訴えてきたことが、今に至るまで原爆の使用を防いできたといえます。

　また、EC（EEC）の成立は、第2次世界大戦後の西ヨーロッパの復興のため、ヨーロッパ石炭鉄鋼共同体（ECSC）が1952年に結成されたことに始まりました。ドイツ・フランス国境のアルザス、ロレーヌ、ザール、ルール地方には多くの炭鉱や製鉄所があり、その帰属めぐって度々紛争が起きていたことから、ECSC結成によりそれを国際管理下に置くという目的もありました。当時の加盟国は、フランス・旧西ドイツ・イタリア・ベネルックス3国（ベルギー・オランダ・ルクセンブルク）の6カ国でした。

　敵対していた国々が悲惨な戦争を経験し、その終結をきっかけに、過ちを繰り返さないためのシステムを創り出すことは、決して難しいことではありません。

　日本は戦争体験者の声をもっと素直に聴き、本気で平和な世界の実現を目指すべき時に来ています。

③第3に、地球主義を実践する

　第3の原則は、地球主義を実践することです。この地球上には、今この瞬間にも環境の悪化を原因とする飢餓に苦しんでいる人々がいて、多数の難民が存在します。CO_2の問題も未だに解決には至っていません。「地球主義」とは、地球環境を守るために、化石燃料を使用しない、そして、あらゆる意味で地球に負荷をかけない、生命の基本である地球の環境をこれ以上悪化させないために、できることを実践することです。1国だけの利害や目先の生活のためではなく、人類全体の将来を考え、地球の環境を守らなければなりません。例えば、もし旱魃(かんばつ)が来たり、戦争によって都市や農業地が荒廃したりすれば、食料も快適な居住空間も失われ、人類の生存が根底から脅かされることになります。水を大切にすること、争いを避けること、さらに宇宙にまで環境保全を拡げていくことが必要です。今まさに、アフガンやシリアで起きていることに目を向けるべきです。

　地球的視点を持つことが、世界中の全ての国々にとって重要です。かつて満州国をつくった石原莞爾は、「戦争で戦争を養う」ことを目論んでいました。石原は、武力で日本の支配下に置いた満州国からの税収及び鉄道収入と、地下資源の鉄と石炭により、対米持久戦の遂行力を増大させようとしました。しかし、結果は周知の如くです。戦争は、戦争も平和も養えません。争いは結局、経済的に大変な負担になります。戦後の日本のように経済を優先させれば、自然に平和が追求されることになるのです。

④日本の raison d'être（存在理由）を示す意義

　これら3つの原則を提唱し、国際世論を喚起することによって、初めて日本の raison d'être（存在理由）を示すことができるのです。そして、日本が経済的に破綻した時にも、国民が挫折せずに誇りを持ち、この実のある3原則を唱え、立ち直ることができるということが重要になります。日本の存在価値が他国によって認識されれば、日本が立ち直るために救いの手を差しのべようとする国々も出てきます。そして、それらの国々の有形無形の援助があれば回復はさらに早く、容易になります。日本が励ましと援助を受ける資格のある国であることが重要です。日本の誇りが大切なのです。

　日本で東日本大震災とその後に津波が起きて大きな被害が

出た時には、世界中の人たちが驚き悲しみ、共感をもって被災者を励まし、物心両面で支えてくれました。6年経った現在でもそれは継続しています。しかし、ブラジルやロシアで経済破綻が起きたその時に、これを真剣に、我が身に置き換えて国民の苦悩を 慮 (おもんぱか) った他国の人間がどれだけいたでしょうか。ほとんどの人たちは、話題にさえしませんでした。この差は驚くばかりです。確かに、経済破綻は天災ではなく人間の営みの失敗です。判断力と責任能力のある為政者が、どこかで歯止めをかけて、問題が重なる前に思慮深く事を進めていれば、防ぐことができたはずです。他人事であれば、自業自得といった感想を持つことも致し方ないかもしれません。しかし、日本の状況が後戻りできないところまで来た今、戦争特需に頼らず、内需の力で立ち上がる道を模索しなければなりません。日頃から、自分は頭が良いと思っている人ほど、視点を変えて日本全体のことを考えて下さい。

　ここまで、戦略その1の「国際世論をつくる」ということについて述べてきました。戦略その2については、第5章で詳しく述べていきます。

Ⅲ　つくりすぎたお金を流す有効な3つの「水路」をつくる

1 破綻の規模とその影響

　まず、破綻がどの程度になるかを予測しなければなりません。そして、そこから復元する力として、対象とする約90万人の3～7割に当たる、約27～65万人分の年金受給を不要にできるほどの資金を調達する手段を考えて、収支のバランスを図ります。つまり、突然の破綻が起きて被害が出ることについては、必然と考えておかなければなりません。政府はこの時、大量に通貨を発行します。通貨が供給過剰になれば、負債は相対的に軽減されるからです。このことがインフレを引き起こします。

　第1章で述べたように、1980年代後半のブラジル、1993年のロシアで、いずれも1,000%以上のハイパーインフレが起きています。貨幣価値が下がれば債務の返済が楽になるため、国債の債務不履行を帳消しにする目的で、政府が通貨の発行量を増やしたのです。それが過剰なインフレを引き起こし、収拾するために事実上の預金封鎖を行い、新紙幣への切り換えによる資産（いわゆる「箪笥預金」）の没収が行われ

ました。さらに、産業の落ち込みや公務員の人員削減などにより失業率も上がりました。

②日本は事前には動かない、当事者になってからやっと動く

　破綻が起こった場合、最も痛手を受けるのは、社会福祉に頼る人たちです。かつてのロシア、ブラジルにおいてそうであったように、中でも深刻なのは年金受給者たちです。年金は額が固定されています。物価の上昇に応じて多少の上乗せはあるとしても、インフレ率が30％にもなれば事実上の減額と同じです。また、受給者は高齢であり、他に収入の途を得ることが困難な人たちが大半です。預貯金も一気に目減りします。物価が高騰し、年金が30％減額されれば、当然生活は困窮します。また、産業・経済活動も打撃を受けるため、失業率が、各国の例にあるように、最悪15％程度になる可能性があります。これを半分の7％程度に抑えることが目標です。このような場合、赤字国債を増額発行して補うことができれば良いのですが、いつまでもできるわけではありません。赤字国債を発行すればするほどインフレが加速するからです。

　いずれにしても、破綻は高齢者にとって、生活の基盤を脅かす大きな問題であり、次世代の一般国民にとっても、あまねく打撃を被る事態となります。ただ、このような衝撃的なことがない限り、日本はなかなか動きません。自分自身が被害者になって、やっと動くのです。この時、「用意」しておいたことが始動します。

　明治維新が始まるのは、東南アジアに英国・フランスなどの西欧列強が植民地を築き、帝国主義の恐ろしさが身近なものとして伝わってきたことがきっかけです。アヘン戦争があって、明治維新が起こりました。

　日本で経済破綻が起こった場合に、預金の目減りをブラジル並みの80％から40％程度に、失業率を15％から7％くらいに抑える、つまり、国民が全体として蒙る損害を、おおむね半分程度に収めるのが、本書で提案している3つの「用意」の主な目的です。「用意」が作動すれば、計算上、国家の歳出が50兆円から25兆円へと、25兆円ほど少なくなると予測しています。「用意」による効果が現れる時期が早ければ早いほど、当然、損害も軽減されます。1929年の大恐慌時代のアメリカのように7～8年もかかれば、その間の困窮の

度合いも、より深刻なものになります。ですから、早く始動し、継続させなければなりません。

第1章で述べたように、日本はこの時、約3年で恐慌から脱出しましたが、一方で軍事費の拡大が好景気を生んだために軍拡路線への批判が弱まり、軍部を台頭させることになり、やがて二・二六事件、満州事変へ突き進むという歴史を経験しました。このような流れになることだけは避けなければなりません。

③お金を流す3つの「水路」とは

3つの「水路」とは、「田んぼの発電所」「マンションの無料建て替え」そして「シルバータウン」です。

この3つは、財政投融資というかたちで貯えられた大量のお金を支出して有効に環流させるものです。この場合、具体的には建設国債を発行します。「田んぼの発電所」は25年間、「マンションの無料建て替え」と「シルバータウン」の住宅は100年の会計で考えます。現在のように金利が0％の時代には、元金が償還されるということが重要になります。貯えた財政投融資の投資による減額分が、償還されるお金によって再び増えていくことになります。貯えが戻れば、繰り返して国債を発行することができます。

「田んぼの発電所」に、57兆6,000億円の投資を行う場合、25年間で返済されれば、年当たり約2兆3,000億円ずつ国に戻ってくることになります。それを年金などの原資にすることができます。「マンションの無料建て替え」と「シルバータウン」の投資額（3兆円＋3兆円＝）6兆円は、100年間で償還されれば、年当たり約600億円が国に戻ります。3つのプロジェクトで、年当たり総額（2兆3,000億円＋600億円≒）約2兆3,600億円が還元されます。なお、お金の流れ方の詳細は第3章で、3つの「水路」それぞれの具体的な仕組みについては第4〜6章で解説します。

以上のような「水路」を準備しておくことに加えて、先に述べたように、国際世論に訴えて、日本が支援をする価値のある国であることを知らしめることが大切です。それと同時に、他国を巻き込まないということにも配慮しなければなりません。内需に集中すれば他国を巻き込まずに済みます。

経済を建て直すには、まず平和の大切さを認識することが重要です。そして、平和な日本の存在が、世界の平和のためにも必要とされていると自覚をすることが、さらに重要です。

4 年金積立金を投資して年金を増やす

　現在の日本で喫緊の問題となっているのが年金です。少子高齢化により、保険料収入と給付金のバランスがとれていません。

　年金積立金を投資して、安定的に5％の運用益を得られる投資・運用先はないか。それが、本書で提案している3つの「用意」です。運用益は、株式や公債のように経済状況に左右されることなく、日常的に必要不可欠な電気代や住居の家賃収入などから無理なく得ることができます。これは架空のシナリオではありません。当建築研究所がこれまで30年間研究を続け、技術的な面において問題がないことが既に実証されています。その技術にシステムを組み合わせて、新たに施策として行うことをここに提案しています。

　GPIFのような公的な機関が国民に還元するために行う投資は、「100年の計」を立てて、確実に返済され、運用益をもたらす投資先を選ぶことが求められます。「田んぼの発電所」では売電収入を、「マンションの無料建て替え」では31年目以降の家賃収入を安定的に得ることができます。また、「シルバータウン」では、人間が90歳、100歳まで生きる時代に、65～75歳の人々を十分な労働力として捉え、そこに金銭的な価値を見出します。

　種を蒔き、その種を芽吹かせ、繁らせるためには土壌づくりが必要になります。この章で述べたのは、その土壌づくりについてです。植物たちは、豊かな土から栄養を吸い上げて育つのです。

　さらに、新しいお金の使い方によって、その土壌に豊かな果実を稔らせることを提案しています。資本が利子を生まなくなった現在では、万一に備えて、どのようなお金の使い方をするかが重要になります。お金を使うなら、生きたお金の使い方をしたいと思います。生きたお金の使い方とは、お金を使って社会的な問題を解決することです。そして、大きなお金を集中的に流すことで、より有効な解決法となります。

5 長期的な視野のもと、活かされたお金で国土を荒廃から守る

　今、日本は、危機的な状況にある問題を解決するため、長期的な視野に立ち、具体的な対策を提案できる人を必要としています。理念に基づき、現実の世界で実効性のある計画を

事業化する能力のある提案者です。

　本書で取り上げた問題は、いずれも利己的に利益を追求する経済システムが積み重なった弊害です。お米をつくっても生活が成り立たなければ、農業後継者は職を求めて都会へ出て行きます。結果的に膨大な人口を抱えた大都市・東京が生まれ、都市の高価な土地を有効利用するためにつくられたマンションも、耐用年数を過ぎ、住民の高齢化とともにスラム化してしまいます。

　これらの問題を解決するためには、それぞれを切り離して捉えるのではなく、社会全体を相互理解と信頼と互恵に支えられた仕組みに変化させることが必要です。欲望を抑制し、正義が実行される社会を目指すことが求められます。そのためには、人々が賛同し、協力してくれるような、説得力のある改革を行うことが重要です。

　例えば、「田んぼの発電所」は、国民全体がその受益者となります。田んぼの所有権はそのままに、その上空が国民の共有資産となり、農家と都市住民のつながりが、「太陽光発電」を媒介に相互に自覚されることになります。

　「シルバータウン」では、都市から田園に移住し、1日4時間の仕事をしながら年金に頼らず自立した経済を営む、美しい自然と健康的な日常のある田園生活が新しく形成されます。高速道路や鉄道の駅とつながれば、都市へのアクセスも容易です。そして、都市からの移住が進めば、都市の過密化と一極集中も軽減されます。そこは、夢物語のユートピアではなく、現実の世界となります。

　「マンションの無料建て替え」では、居住権と所有権を分けて考えます。各個人の住宅内部は自由な居住空間として確保されますが、マンション全体をひとつの街として捉え、建て替えられたマンションは共有財産として年金に相当する収益を生み出します。

　真摯に現実に向き合っている専門家は、今日の日本が抱える問題解決の必要性を感じています。政治と民間の事業が協力して、問題と向き合う時です。この提案を広く周知させるメディアの力と、経済界の理解も必要です。物を超越した本当に豊かな社会を創造することができます。そのためには、1粒の種を育てることが必要です。ひとつの成功が情報として伝達されれば、夢が豊かであるほど、運動は広がっていきます。

第2章で伝えたいこと

　潰れた国を救うには、予め準備が必要です。準備が必要なことを理解するために、日露戦争における戦略を学びます。この時日本は、外債を売って借金をして金をつくり、戦費を賄いました。203高地や日本海海戦などの局地戦に勝つことで外債が売れ、勝ったところで戦争を止める。止めるために、相手国の政情を不安定にするなど、勝つために優れた戦略を立てたのです。

　破綻に向けた戦略として特に重要なのが、「国際世論をつくること」です。平和憲法を積極的に輸出し、世界平和のためには日本の存在が不可欠であるという国際世論をつくらなければなりません。

　日本が潰れる時は、外国も潰れています。そのため、戦争が起きる可能性を排除しておくことが日本の戦略として重要です。一番有効なのは、世界各国に、自衛以外の交戦権を放棄させることです。原爆を持っていようが、自国の防衛のみであれば使うことができないので、戦争は起きないことになります。そのためにも、世界の国々の憲法を変えなければなりません。夢物語で現実的ではないなどと思わずに、行動することが大切です。

　この戦争放棄をはじめ互恵主義、地球主義という3つの原則に基づき、国際的な議論の場で、日本の立場を明確に伝えることができる知的リーダーが求められています。

　2つめの戦略として、日本が化石燃料を使わずに、再生可能エネルギーのみで自国のエネルギーを賄うことができれば、経済的にも有効です。この「平成の農地改革」、つまり「田んぼの発電所」の設置は、膨大な資金を必要としますが、優れた効果を発揮し、大量のお金が自然に流れる水路を形成します。

　さらに、ここに持ち込むお金がどこからくるかが重要です。国は建設国債を発行して資金を調達し、GPIFを事業者として、お金を使います。「田んぼの発電所」「マンションの無料建て替え」「シルバータウン」という3つの水路は、お金を有効に還流させ、GPIFも安定的に運用益を得ることができます。この利害を共有する結びつきが、年金の安定につながります。一石二鳥の効果が出ます。

第3章
投資の原資とお金の流れ

3つの用意――

・田んぼの発電所

・マンションの無料建て替え

・シルバータウン

で計63兆円の投資。

I　年金積立金の有効な運用

1 国民の賛同を得られる投資とは

　この章では、お金を投資するGPIF（年金積立金管理運用独立行政法人）の立場から、お金をどのように運用するのかを考えていきます。

　本書では、その投資先として、現在、社会の中で懸案となっている、エネルギー・少子高齢化・農業の分野に集中させることを提案しています。これにより、回復不可能と言われている赤字国債の増加に対してもブレーキをかけ、減少させることはできないまでも、横ばいの状態に持っていくことができます。

　エネルギーの分野では、「田んぼの発電所」で総発電量の20％を自給できるシステムの提案をしています。20％がうまくいけば、次の25年でさらに20％をプラスし、50年目までに合わせて40％を達成しようというものです。これにより農家の収入も確実に増えて後継ぎ問題も解決し、農業が安定します。第5章では、最初の20％を達成するための具体策を詳しく解説しています。

　高齢化の問題については、高齢者を単なる福祉の受給者として捉えるのではなく、新たな働き手として位置づけ、農業と太陽光発電の職場に隣接した住まいで、自然に囲まれて働きながら暮らすという発想の転換を促します。このシルバータウンで高齢者の生活の安定が図られ、その中に溶け込むように若い世代が交わり、子供を産み育てることができる環境を理想として描いています。そうすれば、人口減に歯止めをかけることができます。

　以上の分野への投資は莫大な金額となりますが、社会的課題の解決につながる投資であれば、国民の賛同と協力が得やすくなります。このように投資する理由が明確であることが大切です。

　次に、投資した元金が確実に戻ってくることが重要です。本書の提案では、国民生活に不可欠な電気の代金、現在その電気をつくるために使われている化石燃料輸入費の削減、シルバータウンの家賃、第3世代（65〜75歳）の農業労働力などによって無理なく回収できます。

　3つめに、投資先から安定的に運用益が還元されることが

重要です。これがなければ、投資は単なる金の垂れ流しになってしまいます。今回の提案では、その運用益を、投資金額の5％に設定しています。計画の第1段階となる25年間の運用益を端的にまとめると下記のようになります。

田んぼの発電所	57.6兆円 × 5％	= 2.88兆円
マンションの無料建て替え	3兆円 × 5％	= 1,500億円
シルバータウン	2兆円 × 5％	= 1,000億円
計		3兆1,300億円

2 日本が破綻した時、海外資産はあてになるのか

日本は世界で最も対外純資産を持つ国で、その額は330兆円といわれています。しかし、日本や相手国がデフォルトした場合、海外の金融資産を現在の保有額のままで引き出すことは難しいのです。特に相手がアメリカのような軍事強国である場合、相手の要求が通ることになり、額面が減少または強制徴収で半分以下になってしまいます。悪くすると、10分の1になります。日本が破綻した時、海外資産を穴埋めに使うのは不可能であることを、念頭に置いておかねばなりません。海外資産を除外して、可能性の高い方策に集中し、その完成度をより高めることが重要です。

今の日本は、輸出＝外需よりも、内需で経済を循環させています。また、もし国内の税収より国債発行の金利が上回れば、国が立ち行かなくなることは歴史が証明しています。オスマン・トルコやルイ14世の時代のフランスが、これに該当します。オスマン・トルコでは、借金のかたに徴税の権利を英仏に取り上げられました。またルイ14世の頃のフランスでは、海外からの借入金の支払金利が1年間の税収とほぼ同額になり、国の財政が事実上破綻しました。それを救ったのは紙幣の発行です。

3 団塊の世代で食いつぶしてしまう前に

日本のお金の使い方として、現在最も問題になっているのが年金です。団塊の世代が年金の受給年齢に達し、一気に支払い額が増加しています。この状況は、あと20年は続くと思われます。年金の支払いを少なくするとともに、効率的な運用を図らねばなりません。

国は年1％の支払額の減少を試みています。20年経つと

図1　老齢基礎年金受給者数と平均受給額の推移

20％の減少です。それだけ高齢者の生活が縮んでいくことになります。国はこの20年で無理やり方向転換を行おうとしているのです。

今回の提案は、シルバーの人々に働く場を与えて収入を増やし、年金の支払額を少なくする、というもので、対象となる高齢者は約90万人です。内訳は田んぼの発電所で72万人、マンションの無料建て替えで10万人、シルバータウンで10万人です。そのうち、自主的に受給額の減額を申し出る人が30％（27万人）でもいれば、その分の年金を支払わずにすみ、国家の財政が助かることになります。

年金の財源については、問題が巨大化・複雑化しており、100年を見通した計画が必要です。本書では、年金積立金を運用しているGPIFが、株などの金融商品ではなく、実業で資産を運用することを提案しているのです。

Ⅱ 100年の会計で考える

1 100年間の運用益と償還金

本書の提案は、100年という長い時間を想定しています。先ほど25年間の運用益を紹介しましたが、100年間で考えると次のようになります。

「田んぼの発電所」は、25年の償還期間を予定した投資を4回行います。1サイクル25年間の投資額は57.6兆円で、その5％に当たる2.88兆円の運用益が生じます。4サイクル100年間の運用益は11.52兆円となります。

マンションの無料建て替えは、10万戸から始め、最終的にはその10倍の100万戸を目指します。100万戸の投資額は30兆円、運用益は1.5兆円です。

シルバータウンの太陽光発電は、1サイクル25年間の投資金額が2兆円、運用益はその5％で1,000億円です。4サイクル100年間の運用益は4,000億円になります。

したがって、本提案の100年間の総運用益は下記のようになります。

田んぼの発電所	11.52兆円
マンションの無料建て替え	1.5兆円
シルバータウン（太陽光発電）	4,000億円
計	13兆4,200億円

元金の償還は、「田んぼの発電所」が25年ごと、シルバータウンの太陽光発電が25年ごと、シルバータウンの住宅は100年の分割、マンションの無料建て替えは31年目～60年目で完了することになります。1年間に償還される金額は下記のようになります。

田んぼの発電所	57.6兆円 ÷ 25年 =	2.3兆円
マンションの無料建て替え （10万戸）	3兆円 ÷ 30年 =	1,000億円
シルバータウン（電気）	2兆円 ÷ 25年 =	800億円
シルバータウン（住宅）	3兆円 ÷ 100年 =	300億円
計	65兆6,000億円	2兆5,100億円

　つまり65兆6,000億円を投資して、年間2兆5,100億円が戻ることになります。戻ったお金で次の投資を行えば、さらにお金が循環していきます。

②年金支給額を減らすことが一番財政に役立つ

　年金の支給額を減らすことができれば、財政の負担が少なくなります。第1次の計画では約90万人の人が関わります。先ほど述べたように、そのうち30％にあたる27万人が基礎年金（国民年金）を受給せずに済むことになれば、年間で2,106億円を節約できます。

　基礎年金6.5万円 ×12カ月 ×27万人＝2,106億円

　なお、最終目標は90万人の50％の45万人分、3,510億円です。その100年分である35兆1,000億円に、先ほどの100年分の運用益13兆4,200億円を足すと48兆5,200億円になります。これは国民年金の年間保険料収入約1兆6,000億円の約30年分に相当します。

③未来からのお金

　この章では、多額の未来からのお金を見込んで、資金が使われます。なぜこのようなお金を使うかといえば、現在は実需の投資が不活発な経済状況となり、お金は動かないお金になってしまっているからです。お金とは、いつも利子を求めて動いているものです。しかし現在は、貿易や設備投資で動く実体経済のお金はわずか数日分に過ぎず、つくりすぎたお金は実需で使われずに、単なる利ざやを求めて動き回っています。銀行が預ける日銀の金利はマイナス金利に陥ってい

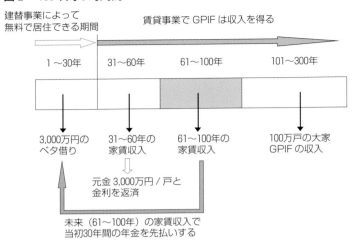

図2 100年間の時間割

す。そうなると、動かないお金を動かすための新しい使い方と、今までとは全く違うお金の時間割が必要になります。

マンションの無料建て替えでは、図2のような100年間の時間割を用います。今までのマンションの耐用年数は60年間と考えられています。この時間が100年に伸びると、40年の時間が生まれます。年金の支払いは、この家賃収入が入る未来の時間を有効活用することによってできます。現在の住宅ローンは未来の収入で現在の支払いを行う仕組みですが、この年金の支払いは、61年目からの100年間の未来の収入で行います。GPIFは100年の計の中でお金を一定額プールしているので、それを担保に支払う仕組みです。

Ⅲ 来るべき時に備えて

1 個人の「所有」から「共有」へ

日本のマンションでは今後、所有者個々の事情により話がまとまらず、老朽化した建物の維持管理が困難となってスラム化する、という事例が増加していくでしょう。マンションの所有や処分に関しては第三者機関が責任を持ち、個人はそれを使用する権利を持つ、という仕組みに変えることで、現在から未来のマンション問題を解決することができます。

田んぼの発電所でもシルバータウンでも考え方は同じです。地域単位、街（タウン）単位で資産を管理し、利用する。つまり「共有」「コモンズ」といった概念の導入が必要になってきます。例えば、山林原野などの入会地や海における漁業

権など、関係する人々が共同で管理する形態です。

多くの人の共通の利益を守るためには、個人の「所有」から「共有」へと権利形態を変える必要があります。これは年金についても同様です。個人の利益を守るために、その元になる資産は共有のかたちをとり、共有資産から得た「果実」を皆で分けるという発想がふさわしいのです。つまり利益を「シェア」するのです。

住宅やエネルギー、年金制度も、大きな基盤を共有して、個人はそこから恩恵を受ける権利を持つという共通理念が、次の時代においては求められているのです。そしてそれは、「互恵」という価値観とつながっています。

②素早く対処するための準備

多くの人は、一度破綻しないと事の重大さを理解することができないのかもしれません。戦後70年をかけて積み上げられてきた社会制度は凝り固まりすぎていて、提言のみで変えようとしても難しいのです。

この本は、破綻後の回復を早めるための具体策を提示しています。危機は突然に訪れます。危機が起きた時、論議している時間はもうありません。それ故、実例を通して理解を深めていただき、素早く対処できるように提案しているのです。いち早く回復するための準備をして、それをすぐに実行に移すことができるように環境を整えておく必要があります。この本はそのシナリオと考えて下さい。そしてその施策は、皆が喜んで参加したくなるような内容でなければなりません。

①田んぼの発電所によって、1農家あたり800万円の収入増となります。
②シルバータウンでは、そこに住んで太陽光発電設備の保守・運用に携わることで、年間160万円の収入を得ることができます。
③マンションを一切の負担がなく建て替えることができ、かつ年間92万円の収入を得ることができます。

このような理屈を超えたお金の効用により、反対意見を少なくし、素早く実行できるものになっています。

Ⅳ　3つの「用意」への投資

3つの「用意」への投資は、政府が建設国際を発行し、日

本銀行がそれを買い取って資金化し、その資金をGPIFに預託して、それぞれの事業に投資するという流れになっています。3つの「用意」それぞれの貸し手側の投資額や運用益、借り手側の収入などをまとめると以下のようになります。

1 田んぼの発電所

①25年間の投資額：57.6兆円

1農家当たり8,000万円で、72万戸に投資します。投資規模は、72万戸×8,000万円＝57.6兆円になります。なお、返済期間は25年とします。

②年間総発電量：1,800億kWh

1農家のシステム容量は250kWで、年間の発電量は25万kWhになります。本事業における年間発電量は、72万戸×25万kWh＝1,800億kWhになります。これは、日本の総発電量9,000億kWhの約20％に相当します。

③25年間の運用益：2.88兆円

GPIFの運用益は投資額の5％とします。1農家当たりでは、8,000万円×5％＝400万円となり、事業全体では、400万円×72万戸＝2.88兆円です。1農家がGPIFへ支払う年間運用益は、400万円÷25年＝16万円となります。

④100年間の総投資額：230.4兆円、運用益：11.52兆円

この事業を100年間で4回繰り返します。100年間の投資額は、57.6兆円×4回＝230.4兆円、運用益の総額は、2.88兆円×4回＝11.52兆円になります。この総投資額は、現在の国家予算の2年分に相当します。農業とエネルギーへの投資は、社会を変える大きな力を生み出します。

⑤1農家の年間売電収入：800万円

買い取り価格を1kWh当たり32円とすると、1農家の売電収入は、25万kWh×32円＝800万円になります。売電収入の40％の320万円を投資金の返済に充て、さらに投資額の5％の16万円を運用益として支払いますので、農家の年間収支は、800万円－(320万円＋16万円)＝464万円となります。この額が安定することにより、農業へ人が流れてきます。

2 マンションの無料建て替え

①100年間の投資額：3兆円(10万戸)、30兆円(100万戸)

1住戸当たり3,000万円で建て替えを行います。10万戸の投資額は、3,000万円×10万戸＝3兆円となります。次の目標の100万戸の投資額は30兆円です。

図3　マンションの無料建て替えの収支

- ■収入（31～100年）
  ※賃料を月額10万円、空室なしと仮定
  10万円×12カ月×70年＝8,400万円
- ■支出
  (1)建設費の元本：3,000万円
  (2)当初30年間の建設国債の支払い金利：90万円
   ※30年間は元本据え置き、金利0.1％、31年目以降60年目までは無金利、30年間で償還
   3,000万円×0.1％×30年＝90万円
  (3)100年間の改修工事費用：1,800万円
   ※30年目：300万円、60年目：1,000万円、
   75年目：500万円
  (4)不動産管理費：600万円
   ※家賃の5％
   10万円×5％×12カ月＝6万円×100年＝600万円
  (5)GPIFの100年間の運用益：150万円
   3,000万円×5％＝150万円
  支出合計：3,000＋90＋1800＋600＋150＝5,640万円
- ■収支
  収入8,400万円－支出5,640万円＝2,760万円

②**100年間の運用益：1,500億円（10万戸）、1.5兆円（100万戸）**

　100年間の運用益は投資額の5％とします。10万戸の運用益は、3,000万円×5％×10万戸＝1,500億円となります。次の目標の100万戸の運用益は1.5兆円です。

③**30年間の年金支給額：92万円／年**

　建て替えた後、30年間はもとの居住者が無料で居住でき、31年目以降は賃貸します。31年～60年目の賃料で建設費を返済し、61～100年目の賃料を使って、1～30年目の居住者に年金を支払います。31～100年目という未来の70年間の賃料収入8,400万円から、建て替え費用や100年間の運営費、修繕費、運用益を支出し、残りの金額を1～30年目までの年金とするのです。年金額は1住戸当たり年間92万円となります。その内訳は図3の通りです。

　この収支の2,760万円を当初30年間の年金として使用すると、1年間で92万円、月7.7万円となります。これが、未来から現在へ支払う年金です。

③ シルバータウン

　シルバータウンへの投資は、住宅と太陽光発電に分けて考

えます。投資額は住宅が3兆円、太陽光発電設備が2兆円で、計5兆円です。

■住宅

①投資額：3兆円

　1つのシルバータウンは1,000戸で、全国に100タウンを建設し、合計10万戸の規模になります。

　1住戸の建設費を3,000万円とすると、1タウンでは、3,000万円×1,000戸＝300億円です。100タウンでは、300億円×100タウン＝3兆円となります。

②居住者の負担：月2.5万円の家賃

　住宅は100年間住み続けられるものとし、居住者は建設費の100分の1を毎年支払います。

　3,000万円÷100年＝30万円

　これを12カ月で割ると月々2.5万円になります。

　金利は無金利とし、シルバータウンの居住者の負担を少なくします。この金利がかからないという点が重要です。

③運用益：なし

■太陽光発電

①25年間の投資額：2兆円

　シルバータウンの居住者は、移動ポリタンク式営農型太陽光発電を行います。1住戸分の太陽光発電設備（100kW）の費用を2,000万円とすると、1タウンでは、2,000万円×1,000戸＝200億円になります。100タウンでは、200億円×100タウン＝2兆円です。

　太陽光発電設備の保守運用期間は30年とし、返済期間は25年とします。2,000万円÷25年＝年間80万円の返済です。ポリタンクを除く発電設備の耐久年数を30年で設計し、返済期間の25年間は安全に保てるようにします。

②年間総発電量：100億kWh

　1住戸のシステム容量は100kWで、年間の発電量は10万kWhです。1タウンのシステム容量は、100kW×1,000戸＝100MWになります（ちなみに京セラの鹿児島七ツ島メガソーラー発電所で70MWです）。これが100タウンになれば、100MW×100タウン＝10,000MW（10GW）です。年間の発電量は100億kWhとなり、日本の総発電量（9,000億kWh）の約1.1％に相当します。

③25年間の運用益：1000億円

　GPIFの運用益は投資額の5％とします。1住戸当たりでは、2,000万円×5％＝100万円となり、事業全体では、100

図4 シルバータウンの収支

```
(1)タウンの収支
  収入：160万円
  支出：発電設備の元金返済          80万円／年
      発電設備の管理費            10万円／年
      発電設備の運用益             4万円／年
      借地料                 10万円／年
      管理会社委託料             10万円／年
      計                  114万円／年
  残（タウンの収入）：   160万円－114万円＝46万円／年
(2)居住者の収支
  収入：160万円
  支出：元本返済（住宅分）          30万円／年
      管理会社委託料（住宅分）       12万円／年
      計                   42万円／年
  残（シルバータウンに住むことで得られる収入）：
              160万円－42万円＝118万円／年
              118万円÷12カ月＝9.8万円／月
```

万円×1,000戸×100タウン＝1,000億円です。1住戸当たりの年間運用益は、100万円÷25年＝4万円となります。

④100年間の投資総額：8兆円、運用益：4,000億円

この事業を100年間で4回繰り返します。100年間の投資額は、2兆円×4回＝8兆円、運用益の総額は、1,000億円×4回＝4,000億円になります。

⑤1住戸当たりの年間売電収入：160万円

買い取り価格を1kWh当たり32円とすると、1住戸当たりの売電収入は、10万kWh×32円＝320万円になります。このうち50％はタウンの収入、50％は居住者の収入とします。

タウンと居住者それぞれの収支内訳は図4の通りです。なお、借地料を年間10万円、シルバータウンの管理会社への委託料を年間10万円と設定しています。

シルバータウンに住まうことにより、年間118万円の収入が得られます。このように住まうことのメリットが明らかになると、都会からシルバータウンへと人の移住が促進されます。

4 3つの「用意」の投資額と運用益のまとめ

ここまで解説してきた3つの「用意」の投資額と運用益をまとめると表1・2の通りです。

投資と運用益の関係は、年いくらの金利ということではなく、単純に投資金額に5％をかけたものを運用益としています。お金が金利を生まない現在の社会は、赤字国債が毎年自然に増加して、積み重なって巨大化した借金をコントロールすることができなくなっています。次の世代に迷惑がかかることを十分に知っていながらです。

　3つの「用意」は25年に1回ずつ決済をして、100年間というスパンの中でその投資を4回繰り返します。100年間の運用益に、さらに年金返上分（基礎年金6.5万円／月×12カ月×100年×45万人＝35兆1,000億円）を加えると、48兆5,200億円です。これは、国民年金（基礎年金）の年間徴収額1兆6,000億円の約30年分に相当します。

　不動産事業という実体経済への投資を行うことで確実に収入を得て高齢者の年金資金を創り出し、高齢者の収入を増やすことで年金の受給者を減らし、年金の支給額が減少することで財政に寄与します。返済の目処が立たない赤字国債ではなく、確実性のある事業からの収入を得ながら、資金を25年で循環させる仕組みに変更するのです。

　これまで30年にわたる研究の実績を3つつなぎ合わせると、不思議と解決の糸口が見えてきました。全て仮定の話ですが、この方法だったら実現できると感じてくれた人たちが、さらに計画を練り上げ、具体的な実例として進めてくれることを望んでいます。

表1　25年間の投資額と運用益

	投資規模	運用益
田んぼの発電所	57.6兆円	2.88兆円
マンション無料建て替え（10万戸）	3.0兆円	1,500億円
シルバータウン（住宅）	3.0兆円	なし
（太陽光発電）	2.0兆円	1,000億円
計	65.6兆円	3.13兆円

表2　100年間の投資額と運用益

	投資規模	運用益
田んぼの発電所	230.4兆円	11.52兆円
マンション無料建て替え（100万戸）	30.0兆円	1.5兆円
シルバータウン（住宅）	3.0兆円	なし
（太陽光発電）	8.0兆円	4,000億円
計	271.4兆円	13.42兆円

■マンションの無料建て替えを民間ベースで行う場合（詳細な説明は省略）

マンションの無料建て替えを民間ベースで行う場合の各事業者の収益をまとめたものが、下記の表です。GPIF、民間銀行、デベロッパーがこの事業に参加し、3,500万円／戸で建て替えを行います。100年間の期間では、家賃収入の総計は9,600万円、GPIFの運用益は約4,100万円となり、3,500万円の運用益5％の約200万円を引くと、3,900万円が年金相当分になります。各社の事業収益は、民間銀行が約650万円、デベロッパーが870万円となります。

経年	家賃 9,600万円	建て替え 改修工事 4,500万円	各期間中の発生費用		GPIF 運用益 4,095万円	民間銀行 収益 645万円	デベロッパー 収益 870万円	
30年	無料	建て替え 3,500万円 スタート	初期費用は国債で調達した資金と銀行の融資で賄う。支払いは31年目以降		200万円	0	450万円	無料で入居できる期間
60年	12.5万円／戸・月 30年 4,500万円	改修 200万円 （30年目）	建設費 3,000 デベ 450 経費 50 改修 200 GPIF 200 金利 310 管理 180	4,380万円	110万円	310万円	180万円	事業費を回収する期間
75年	12.5万円／戸・月 30年 4,500万円	改修 500万円 （60年目）	改修 500 金利① 300 金利② 32 管理 90	922万円	1,238万円	332万円	90万円	利益を年金資源に充てる期間
78年	10万円／戸・月 3年 360万円	改修 300万円 （75年目）	改修 300 金利 3 管理 18	321万円	39万円	3万円	18万円	
100年	10万円／戸・月 22年 2,640万円		管理 132万円		2,508万円	0	132万円	

第3章で伝えたいこと

　3つの「用意」に国が大量のお金を出すためには、まず、お金を使う理由が明らかである必要があります。社会の懸案である、エネルギー・少子高齢化・農業への投資であれば、国民の賛同と協力が得やすくなります。

　次に、投資したお金が確実に戻ってくることが重要です。田んぼの発電所では売電収入によって、マンションの無料建て替えでは30年目以降の家賃収入によって、シルバータウンでは併設する発電所の売電収入によって、元金を回収することができます。

　3番目に、投資先から安定的に運用益が還元されることも必要です。3つの「用意」への25年間の投資が65兆6,000億円であるのに対し、運用益は3兆1,300億円になります。

　最長が35年、親子リレーでも50年が最も長い貸付期間である銀行にはできない投資ですが、GPIFであれば100年の投資が可能となります。投資の結果、お金の流れが良くなり、原発に替わる電気がつくれ、農業人口が増えて農村の崩壊を防ぎ、老朽化したマンションの建て替えにより都市の荒廃を止めることができます。

　年金で問題なのは、団塊の世代の高齢化で年金受給者が急増することにより、急激に年金資金が食いつぶされていくということです。3つの「用意」は、この対策としても有効です。田んぼの発電所の100年間の運用益は11.52兆円、マンション無料建て替え（100万戸分）の運用益は1.5兆円、シルバータウンでの電気づくりの運用益は4,000億円、以上の合計は13兆4,200億円です。これに年金辞退者分の35兆1,000億円（100年間）を合算すると48兆5,200億円。現在の国民年金（基礎年金）の徴収額は年間約1兆6,000億円ですから、約30年分を賄える計算になります。

　田んぼの発電所とシルバータウンでの電気づくりは25年を周期にしています。再投資ができるよう環境を保持し、100年間で4回繰り返して投資します。

　一番理解されにくいのが「マンションの無料建て替え」です。今までのマンションは60年しか住まないとしたら、100年保つマンションに建て替えることで、100－60＝40年間の余裕時間が生まれ、その40年間に賃貸収入を稼ぐことができます。わかりにくいのは31年目～100年目の未来の金を、現在にもってくるからです。GPIFは、未来の70年間の保全をするために、土地・建物の所有者、つまり100万戸の大家となるのです。

第 4 章
［具体的提案その1］
マンションを無料で建て替える

都市のマンションを無料で建て替え、
住民は30年間住み、
さらに年金90万円を受け取ります。
建物が100年保つと、
30年後の未来のお金が活きます。

I　マンションは生活を保全できるか

建て替えられるマンションは、100年以上の期間、安全に利用できる建物でなければなりません。そこで本章では最初に、拙著『300年住宅のつくり方』(建築資料研究社刊)を引用しつつ、マンションの長命化について考えていきます。

1 マンションに長く住むようにしなければ

近代では、鉄とコンクリートとガラスにより、自在かつ巨大な空間が可能となりました。「集合住宅」も偉大な発明の1つです。文化の花開く地、憧れの暮らしの舞台「都市に集まって住む」というスタイルは、今も昔も変わりません。19世紀ロンドンの「テラスハウス」、パリの「アパルトマン」は、不足する需要を補いながら都市の景観を形づくり、今も住み継がれています。

ロンドンのアパート

パリのアパルトマン

日本では、戦後「2DK」スタイルの「集合住宅」が住宅公団により開発されました。その後、民間による大規模な開発が進み、大量の「マンション」という名称の「集合住宅」が供給されてきました。築60年を超し、老朽化し寿命を迎えたマンションは人が少しずつ住まなくなっています。

ヨーロッパでは、マンションは長命な建物としてつくられていますが、日本では、マンションは、一戸建てのマイホームという夢の実現に向けた期間を過ごすための、庶民の強い味方だったのです。

時代は変わり、土地神話は崩壊しましたが、都市に住む一般の人々にとって、マンション以外の選択肢はほとんどありません。「仮の宿」ではなく、そこに住み続けるという実感を持ち始めたのです。では、いったい、自分のマンションに何年住めるのか。はっきりと答えを知ることはありません。一般的には60～70年と言われています。ここでは、マンションの寿命について考えていきます。

2 日本のマンションは変化している

マンションは1940年代からつくられ始めました。当時の建物は総体的に低い水準だったため、20～30年も経過すれば鉄筋コンクリートも寿命と考えられ、スクラップ(壊す)＆ビルド(建て直す)という風潮が出始めたのです。

1970年代のマンションは、良好なものが多く見受けられ、素材はしっかりしています。80年代に至り新たな建築基準法が施行されると、地震に強いマンションが多く建てられてきました。ロケーションに優れたものも多く見受けられます。30～40年で壊して建て直すのではなく、再生させ、長期にわたって住むことのできるマンションをつくるという、新しい認識の必要性が出てきました。

　平成19年秋には、政府も「200年住宅ガイドライン」を発表し、平成20年春から5年間の予定で「長期優良住宅先導的モデル事業」プロジェクトを始め、平成21年6月からは「長期優良住宅普及推進法」が施行されました。国の施策方針も、フロー型からストック型へと舵が切られたのです。

　「300年住宅」の研究開発は、100年、200年、300年住めるマンションを実際につくることを前提にして具体的に提案してきました。

③マンションの長寿化が生活の基盤をつくる

　マンションの寿命がきちんと決められ、長寿化のための修理計画と積立金とがあらかじめ定められていれば、たとえ定年後収入がなくなってからでも、生活が脅かされる事態はぐっと低く抑えることができます。生活の基盤である「家」を安定的に確保することができれば、ほどほどのいい暮らしをすることができるのです。

　欧米では、質のよい住宅と住環境を手に入れることは、市民の権利であり義務であるという認識が強いようで、そのことを憲法で定めてさえいます。欧米（例えばスウェーデン、スイス、イタリア）の美しく豊かな住環境は、歴史的な活動と闘いにより築き上げられてきたものなのです。ヨーロッパの町並みの統一感は、建築にあたって自由につくれない「不自由」から生まれています。一方、日本は、「自由」が統一感を妨げているのです。

④いつの時代も人々は救済を求め続ける

　ヨーロッパの中世以前につくられた歴史のある街は、教会を中心につくられていました。ルネサンス以降、人々のうちに「権利」という概念が定着していくと、社会秩序を継続的に維持しつつ、個々の権利を保全するシステムとしての「国家」という概念が生まれました。ドイツの首相ビスマルクは社会保障制度を整備し、国家における国民の救済を制度化し

ベルリンの壁

アムステルダムの街並み

ドイツ連邦議事堂
(『300年住宅のつくり方』より)

ました。一方、マルクスは『資本論』において、計画経済による平等な社会を論じました。

20世紀は、根底に「国家による国民の救済」という共通の考え方を持ちながら、資本主義と社会主義の対立構造が鮮明になりました。1989年のベルリンの壁崩壊は、この20世紀の対立構造の終焉を象徴しています。

戦後の日本では、「企業」が社員の面倒を一生見る意欲に充ち、国民を救済しようとしていました。しかし、90年代を境に、実力主義・成果主義という借り物の経営スタイルとともに、厳しいサバイバルの時代に入り、「自己責任」の名のもとに自らを救済しなければならなくなりました。

「300年住宅」は、30年にわたるローンで購入したものを100年という時間軸で新たに組み立てることにより、ストックに換え、消費に追われる負のサイクルに終止符を打ち、ローンが終了した定年後の生活を無理なく描く仕組みづくりの提案です。

住宅や住環境の再構築によって、人々が良い国に住んでいると思えるようにすることが、建築家という職業を通して成すべき社会的役割だと考えています。「個人の生活を守る」という課題に対する回答が「300年住宅」という考え方です。

5 ヨーロッパの住宅の知恵

20世紀の2度の大戦で、ヨーロッパは主戦場となりました。特に第2次世界大戦ではドイツの多くの都市が空爆により破壊され、ベルリンの7割は瓦礫と化しました。西ドイツでは、戦後復興の重要な施策として「社会住宅」が建設され、アデナウアー首相（当時）は「国土の復興は住宅から」と国民に呼びかけました。政府は自治体を通じ、住宅経営を希望する企業、団体、個人に、無利子・100年返済で、必要資金の半額以上を融資、残りの資金も低利で借りることができ、経済と国民生活の向上に大きな役割を果たしました。

ベルリン大聖堂、ドレスデンの教会などは、崩れ落ちたレンガを保管し、50〜60年をかけて年月で再建されました。永遠を求めて建設された教会だからこそ、再び永遠の願いを込めて再建するというヨーロッパの根っこがそこに感じられます。

イギリスでは、18世紀から、産業革命の進展とともに増加した中産富裕層の住宅需要に応えて、テラスハウスの建設が始まります。王室が所有するロンドンのリージェントパーク

英国のガーデンシティ

の土地を、99年を期間として民間に貸し出し、堅牢で広い集合住宅の建設が進められました。堅牢で機能性にも優れ、現在も、住宅、ホテル、学校、オフィスなどとして生き続けています。99年間使えることを前提としてつくられ、300年近く活用されているのです。歴史の風格を備え、街の風景を彩っています。また郊外では、20世紀の初めに近代都市計画の祖E.ハワードが「田園都市構想」の実現として、「ガーデンシティ」を完成させました。その影響は日本にも及び、渋沢栄一翁が田園調布を開発する際にモデルにしました。

オランダでも産業革命が進み、都市の住環境が悪化したため、1901年に住宅法が制定され、
　①国を挙げての住環境の保証
　②良質な住宅建設の方法
　③資金援助の枠組みの確立
　④無秩序でつくる技術的な開発の制限
という指針を提示しました。

建築家ベルラーヘを中心に、都市における集合住宅を、都市景観における重要かつ中心的存在と捉えなおし、アムステルダムの都市像が描かれました。アムステルダムの街並みの65％は300年以上前のもので、それ以外は新しいものですが、古い建物の中から街の景観を構成するにあたっての大切な要素を選択し、新しい建物との調和を図ったのです。

アムステルダムのベルラーヘの作品

ヨーロッパでは、街の景観を共有の財産として捉え、100年という時間で育ててゆくという考え方が浸透しています。住宅の寿命も100年は当たり前で、街とともに継承してゆくという文化が根付いています。

ヨーロッパには、「親が家を建て、子供が家具を揃え、孫が食器を整える」という格言があります。世代を超えてつくり上げていく「家」は、長く愛着を持って使えるものを、という生活感・人生観は、学ぶべきものの多い、社会的な知恵といえるかもしれません。

6 「100年」という時間の単位

100年、つまり1世紀という単位は、長寿国の日本でも平均的な人生の長さを超えています。しかし、明治時代には、「国家100年の計」という言葉が使われていたとおり、社会体制を変化させ、欧米列強に対抗するため、中央集権体制を築き上げました。廃藩置県、新教育制度、富国強兵策などが、その後の日本の指針となり基盤となりました。たとえば、明

治時代に採用された教育制度が定着し、国の重要なインフラとして育つまでの時間が、100年でした。

P. F. ドラッカーは、「社会における非連続を理解しようと欲する人はだれでも、明治初期がなし遂げたものはなにか、ということについて理解すべく努力する必要がある。なぜなら、これら2つの"できごと"は、われわれに対して、大きな変化が、いかにして偉大な機会に転換されうるかということを教えているからである」（林雄二郎訳『断絶の時代』ダイヤモンド社、抜粋）と述べています。

今こそ、ひとりひとりが100年という時を見据えた、長大な人生プランを立てなければならないのだという時代認識のもと、2009年に出版した『300年住宅のつくり方』（建築資料研究所）では、前著『300年住宅』（日経BP出版センター、1995年）をもとに新たな提案を盛り込み、21世紀に即したかたちで再提案しました。

前著の背景にはバブルの崩壊があり、本書の背景にはアメリカでのサブプライムローン問題に端を発する世界的な経済危機がありました。いずれの経済破綻にも共通しているのは、住宅の資産性の問題です。かけがえのない住宅の資産価値をいかに保全するか、「300年住宅」がもたらす効用について、具体的に解説しています。その効用を応用したものが、今回提案する「マンションの無料建て替え」です。

II　老朽化したマンションを無料で建て替える方法

1 「300年住宅」とマンションの無料建て替え

ここでは、現在老朽化や耐震性の問題から建て替えの時期に来ているマンションについて、無料で建て替えができるシステムを提案します。

先ほど紹介したように私は既に『300年住宅』『300年住宅のつくり方』という2冊の本を書いています。その中では、タイトルのとおり、300年保つマンションをつくる方法を紹介しています。技術と配管の位置、意匠の工夫については実際に建てた例を挙げ、経済のシステムについては具体的な数字を示して、解説しています。ただし、「300年保つ」というのは、初めから何もせずに300年の耐久性があるということではなく、修理・取り替えができる仕組みと技術を開発し、50年ごとの改修を繰り返して、300年保たせるのです。

本章では、新築のマンションではなく、耐用年数の期限を迎え、建て替えの必要に迫られていながら、主に住民の高齢化による経済的な事情から建て替えへの合意形成が難航しているマンションに着目し、これを無料で建て替え、さらに住むことによって年金に相当する収入を得ることができるシステムについて、具体的に説明します。

②技術的な背景——建て替えられないマンション

　マンションの建て替えは、区分所有者の5分の4以上の賛成があれば法律的には実施できることになっています。しかし、費用負担の問題が障壁となり、これまで建て替えられた民間のマンション（被災理由は含まない）は250棟に満たず、実際には建て替えを行うことがほとんどできていない状態です。

　また、既存のマンションは専有部分内に配水管などの共用配管が設けられており、全ての居住者や区分所有者の合意が必要になることから、一般的なマンションにおいて老朽化した共用設備配管など一部の構成部材の更新工事の実施が難しくなっています。

　また、1981（昭和56）年以前のマンションは昔の耐震基準でつくられており、耐震性能が不足しています。日本ではマンションを100年以上利用するという概念が、いまだ醸成されていません。

③経済・財政的な背景

　現在、我が国は高齢化が進み、世界のどの国よりも早いスピードで超高齢化社会に突入し、年金制度は危機的な状況にあります。年金の支給年齢も徐々に引き上げられながら、支給される金額も少なくなっていき、近年における公的年金の収支は、支出（給付金）が50兆円／年に対して、国の保険料収入は30兆円、運用益は15兆円、国庫負担などの資金が11兆円となっています。これでは積立金残高が140兆円であるとしても、心許ない限りです。

　また、総資産140兆円にもなる厚生年金と国民年金の管理と運用はGPIF（年金積立金管理運用独立行政法人）が行っています。運用先は、国内債券、外国債券、国内株式、外国株式などの金融商品ですが、平成27年の第2四半期には約8兆円もの損失が生じています。運用の大半が債券や株式になっていることから世界経済の変動によって左右され、さら

に現在の制度では、運用資産が瞬間的になくなるリスクさえあります。平成28年以降、欧州やアメリカでは、金融機関が破綻した場合、債権者や預金者が損失を負担する「ベイルイン」制度が前提になったため、世界の一部で経済恐慌が発生すると連鎖的に世界全体に波及して、瞬く間に資産が消失することが考えられます。

　このような事態にならないよう、年金資金運用のポートフォリオに実体経済である不動産運用を組み込むことを提案します。即ち、金融商品からのリスクヘッジを行うのと同時に、建設投資により国内経済の循環を促して日本経済の発展に寄与し、さらに耐震性が不足し、スラム化しているなど、危険な状態の老朽化したマンションの無料建て替えを推進する方法の提案です。10万戸から始まり、目標としては100万戸で30兆円の投資を見込んでいます。

4 基本的なシステム

　老朽化したマンションを無料で（＝居住者に金銭的な負担がなく）建て替える具体的なシステムとは、

①国が建設国債を発行します。
②金融機関がその建設国債を買い受けます。
③国は建設国債から得た資金を第三者機関に供与します。
④老朽化したマンションの区分所有者及び管理組合が第三者機関に無償で建物と敷地を供与します。
⑤第三者機関は国から供与された資金を利用して、老朽化したマンションを100年以上利用できる「300年住宅」のマンションに建て替えます。
⑥第三者機関は老朽化したマンションの区分所有者に、30年間無償で建て替えられたマンションに住む権利を供与します。
⑦第三者機関は建て替えられたマンションを31年目（居住権所有者の死亡時）以降貸し出し、家賃収入で国から供与された資金を返済します。

　老朽化したマンションの無料建て替えシステムでは、まず、長期的な視野に立ち、100年以上住むことができる「300年住宅」のマンションをつくります。第三者機関は、30年目・50年目・75年目に改修工事を行います。第三者機関は、建て替えられたマンションの61年目以降100年目までの40年間の家賃収入を資金として、もともとのマンションの区分所有者に、1年目から30年目までの30年間にわたり毎年92万円の年

金を供与します。

老朽化したマンションの無料建て替えに必要な建設国債の買い受けをする金融機関は日本銀行です。また、建設国債から得た資金の供与を受ける第三者機関はGPIFです。

このようにして建て替えられたマンションが「300年住宅」と認定される建物です。

⑤区分所有者の権利

「300年住宅」では、第三者機関（GPIF）が31年目以降の家賃収入で国から供与された資金を返済するシステムを採用しているので、区分所有者は30年間無料で建て替えられたマンションに住むことができます。この場合の区分所有者は、60歳前後の、定年を迎えるか、定年間近な年代の人物を想定しています。一般的に、新たな収入の途(みち)を見つけることが困難であると思われる年代です。

さらに、建て替えられたマンションの61年目以降100年目までの40年間の家賃収入を先取りしたかたちで、建て替え前のマンションの区分所有者（建て替え以降は区分居住権の所有者）に30年間毎年92万円の年金を供与することができます。また、100年を過ぎても、また次の100年すなわち200年住めることを目指すと、101年目以降の家賃収入は全て第三者機関（GPIF）の収入、つまり年金の財源となります。

100年が過ぎると、そこは既に街になっています。こうして「300年の街」はできていきます。

⑥「300年住宅」の価値

「300年住宅」とは、建て替えられた建物を300年以上保たせるために、50年目に全ての共用設備配管を取り替える建物です。この部分に特許技術を用います。

具体的に言うと、100年以上保たせるために、屋根は二重防水され、コンクリートの劣化を防ぐため剥離しないタイル（打ち込みタイル）が使われ、コーキングは30年で劣化するので補修のための足場を架けずに済むように階層目地に三重防水構造の水切り金物を設け、コンクリートで間取りの変更が制限されないようトリプルサッシュが使われています。さらに、取り替えを容易にするために、PS（パイプ・スペース）、トレンチ、洞道を施設しています。詳しくは『300年住宅のつくり方』を参照下さい。

このように100年以上使用できる「300年住宅」は、投資

図1 マンションの無料建て替えの概略図　　　　　　　　　　　　　　　（特許申請中）

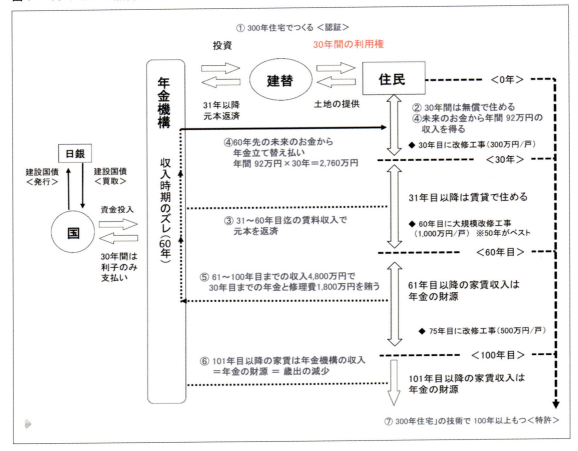

対象としても安心できます。100年間使用できることが全ての前提条件で、GPIFは、100年のうち無償期間である最初の30年を除いた70年間の家賃収入を得ることで、年金の財源を増やしていくことができます。

7 マンションの無料建て替えの実施例

図1は老朽化したマンションを無料で建て替える方法の説明図です。この図に倣って、0～30年、31～60年、61～100年とに分けて説明します。

① 0～30年

(1) 国は10万戸分の建設国債を発行します。年間3,000億円、10年間で3兆円、期間60年で、当初30年間は元本据え置き、金利は0.1%とします。金利分を予め支払うことで、建設国債を発行することへの国民の合意が得やすくなります。

(2) 日本銀行は建設国債を買い受けます。

(3) 国は建設国債で得た資金をGPIFに供与します。

(4) GPIFが窓口となって、老朽化したマンションの建て替えを10万戸規模で募集します。年間1万戸で3,000万円／戸×1万戸＝3,000億円。10年間、10万戸で3兆円になります。

(5) 老朽化したマンションの区分所有者及び管理組合は、GPIFに無償で老朽化した建物と敷地を供与します。管理組合で5分の4以上の賛成を得ることで建て替えが可能になりますが、賛同しない区分所有者に対しては、建物はマイナス資産となるので土地費用相当額でGPIFが買い取ります。

(6) GPIFは、マンションを建て替えます。

(7) GPIFは、当初30年間は利子のみを国に支払います。ただし、年利を0.1％とし、30年間の利子を先に一括して支払うこととします。例えば、金額が3,000万円の場合、利子総額（3,000万円×年0.1％×30年）は90万円となります。従って、建設国債の額面が3,000万円の場合、利子分90万円を差し引いた2,910万円がGPIFに給付され、2,910万円がマンション1住戸の建て替え費用となります。

(8) マンションの区分所有者は、建物と敷地を供出する代わりに、新しく建て替えられたマンションに無償で30年間住むことができます。60歳で建て替えれば90歳までとなります。なお、区分所有者自らが居住しない場合には、30年の期間内であれば、第三者に賃貸することができます。

②31〜60年

(1) 従前のマンションの区分所有者は、31年目以降は、家賃を支払うことで建て替えられたマンションに住み続けることができます。その場合の家賃は半額にするなどの特例も考慮します。

(2) GPIFは、月額10万円（30年間で3,600万円／戸）の家賃収入予定から、国に当初資金の返済（3,000万円／戸）と金利（90万円／戸）の返済を行います。

・家賃収入：3,600万円＝家賃10万円／戸×12カ月×30年
・30年間の金利：90万円＝元本3,000万円×0.1％×30年
・残高：510万円＝家賃収入3,600万円－元本3,000万円－金利90万円

(3) GPIFは、（0年目から数えて）30年間随時マンションの改修工事を行います。この費用は1戸当たり300万円です。

(4) 従って510万円 − 300万円 = 210万円を GPIF の経費（運用益含む）とします。GPIF の毎年の経費は、210万円 ÷ 30年 = 7万円 / 年 × 10万戸 = 70億円 / 年となります。

③61〜100年
(1) この40年間に、GPIF が得る月額10万円（40年間で4,800万円）の家賃収入が、最初の1年目から30年間、マンションの区分所有者への年金として年当たり92万円、30年間で計2,760万円の支払いに充てられます。建て替えられたマンションに無料で住める上に、年金も得られるとなると、建て替えの合意が得られやすくなります。
(2) GPIF は、60年目に全ての専有の設備・内装および共用設備の改修工事（1住戸1,000万円）を、そして、75年目に部分修理（1住戸500万円）を行います。
(3) 家賃収入（4,800万円 / 戸）から年金の支払い（2,760万円 / 戸）と改修工事費用（1,500万円 / 戸）を差し引いた残り（540万円 / 戸）は、GPIF の40年間の経費（運用益含む）とします（540万円 / 戸 × 10万戸 = 5,400億円 / 40年 = 135億円 / 年）。

④101年目以降
　GPIF は、月額10万円（年間120万円 / 戸、10万戸で1,200億円 / 年）の家賃収入を得ることができ、年金の財源が増えて、その結果 GPIF の財政収支が改善します。

Ⅲ 「300年住宅」の概要

1 基本的な考え方

　ここでは、300年住宅の基本的な考え方を6項目にまとめています。この条件を充たしているものが「300年住宅」として認定されます。認定されると、JIS マークなどと同様に、基準をクリアしていることがひと目でわかるマーク（SEFLマーク）が付けられます。これがあることで、消費者に安心感を与えられ、建て替えのための投資への賛同を得やすくなります。
　①頑丈な軀体をつくる
　②共用の設備配管を50年ごとに更新する

③足場を架ける大規模工事は50年ごとに行う
④変化に対応できるように自由性を高める
⑤住みながら工事を行うことができるようにする
⑥改修費は積立金内で収める

上記の①は、後から手を入れることができないフレームを堅固につくるということです。②③及び⑥は、「最初にマネジメントを考え、それを実現するための技術や計画を開発・採用する」という、従来とは180°逆のアプローチです。④⑤では、住みながら、内装を壊すことなく設備の更新を行い、現在の法律ではできませんが、最終的には外壁廻りを変えることまでも視野に入れています。

各項目における具体的な技術は次の通りです。

①頑丈な躯体をつくる
(1)構造の強度を従来の1.25倍にします。
(2)コンクリートのかぶり厚を基準より厚い40mmにします。
(3)外装材をレンガや剥離しない打ち込みタイルでつくります。

②共用の設備配管を50年ごとに更新する
(1)堅管を外配管にし、専有部分に入らずに取り替えができるようにします。
(2)シャフトボックスを車のボンネットのように開閉式の収納にして更新を簡便にします。
(3)横引管は、人が入って工事ができる地下トレンチにします。

③足場を架ける大規模工事は50年ごとに行う
(1)陸屋根を二重防水として、50年目に上の防水層を全面交換します。
(2)階層目地に水切りと立上り止水板・コーキングのシールを設けて50年間漏水を防ぎます。
(3)バルコニー・廊下側の腰壁をメンテナンスフリーのレンガまたは剥離しない打ち込みタイルにします。
(4)バルコニー側は小壁をなくし、全面サッシにします。
(5)エネルギー系統をトリプル壁にまとめます。
(6)廊下側の壁をレンガでつくり、長命化と再利用を図ります。
(7)妻壁の表面をレンガまたは剥離しない打ち込みタイルに

して、メンテナンスフリーにします。
(8)全面に基本として剥離しない打ち込みタイルを使います。

④時間の変化に対応できるように自由性を高める
(1)外配管とし、小梁のないフラットな天井にします。
(2)間取り変更に応じて設備配管が変更できるようにします。
(3)間取りはそのままで設備配管を更新できるようにします。
(4)バルコニー側サッシュが間取りに応じて柔軟に変えられるようにします。
(5)廊下側の壁・開口が取り替え・変更できるようにします。
(6)更新・変更の際には、材料を再利用できるようにします。

⑤住みながら工事を行うことができるようにする
(1)内装を壊さずに、住みながら専有部分の設備の取り替えができるようにします。
(2)共用設備の更新は専有部内に入らず工事ができるようにします。

⑥改修費は積立金内で収める
(1)100年間の改修費を新築の60％以下に収めます。
(2)マンションの一番良い点は、みんなで修理費を公平に負担することです。
(3)修繕積立金の収入は8,000円／月・戸以内に収めます。この金額で収まる建物をつくります。

②300年住宅の実例

①コスト研究会が始まり
研究開発の初期段階は、コストの分析から始まりました。昭和60年から昭和62年まで行ったコスト研究会では、工事項目別に設計と生産現場を調査して、人件費や材料費など、いかにしたら無駄が省けるかを調査・研究しました。

②VA＆CS工法の開発
バブル期に入りコストが上昇してきたため、コストダウン（Cost Saving）を行いながら、どのように付加価値を上げるか（Value Addes）、工法やディテールについての研究開発を行いました（VA＆CS）。3戸1プランや逆梁など、有効な手法を見出し、15％程度のコストダウンを実現できました。研究成果は、シャトレシーサイド百道などの建物で実践

シャトレシーサイド百道(平成7年竣工)

しました。

③長命化の技術「SEFL」の開発で系統付け

VA & CS の開発で生み出した予算を、建物の長命化に使うことを目的として技術開発を進めました。「建物の長命化」は当社の3つの基本軸の1つであり、「300年住宅」は長命化を象徴する言葉です。約30年前のシーサイド百道の開発コンペで最初に提案しました。それ以来、研究開発を重ねており、開発した技術はその折々の建物に反映させてきました。その集大成として、長命化の技術を4つのコンセプトに体系的に整理・発展させたのが「SEFL(セフル)」です。

コンセプトは、① Safety：安全な資産価値、② Ecology：エコロジカルな生産方法、③ Freedom：自由に変更できる空間、④ Long Life：300年間もつ建物、です。

④300年住宅型マンション「アトリエ」シリーズで実施

　長命化のコンセプトを「300年住宅」という名称で表し、SEFLの技術を多く採用したマンション「アトリエシリーズ」を2棟建設し、販売しました。

　■アトリエ平和台

　平成11年に竣工した300年住宅型マンションの第1棟目です。これまでデベロッパーに建物の長命化の必要性を説明してきていましたが、前例がないなどの理由で実感してもらうことができませんでした。そこで自身が事業主となって、300年保つことができるマンションを建設し供給することにしました。

　アトリエ平和台では300年保つために開発した多くの技術を採用しています。剥離しないタイルや小梁の出ないワッフルスラブは、金型から作成しました。この剥離しないタイル

アトリエ平和台

はそれまでなかったものです。建設現場を公開し、当時、森ビルの森稔社長や元リクルート社代表の江副浩正氏などが熱心に見学されました。また、多くの消費者に「300年住宅」を理解してもらうためにワークショップを開催して、考え方や技術の内容を説明しました。その結果、多くの賛同をいただき、竣工までに全50戸を完売しました。

■アトリエ大濠

　平成15年に竣工した300年住宅型マンションの2棟目です。1フロア1戸で、住戸数は5戸、鉄骨鉄筋造6階建てです。この建物では、「自由性」に焦点を当てました。自由性を確保するため、低層でありながら鉄骨を取り入れ、4隅の柱で間口13mスパンの大きな住戸内空間を確保しました。

　窓の配置までも含めて住戸プランを変更し、一軒一軒設計を行ったため、確認申請も5回行いました。水廻りの位置も、

アトリエ大濠

住戸の半分の範囲内で移動可能な外配管方式になっています。

⑤長期優良住宅先導的モデルプロジェクトで4棟をつくる

　平成19年、政府は住生活基本法を改正し、「フローからストックへ」と住宅政策の基本方針を転換しました。また、住宅の長命化を促進するために「長期優良住宅」制度を発足させ、この制度を促進するために国土交通省は「長期優良住宅先導的モデルプロジェクト」を募集しました。建物の長命化を図るための技術で特に優れたものを「先導的モデル」として選び、技術の促進・普及を図ることが狙いです。

　当社は、長命化技術SEFLの中から、デベロッパーごとに採用する技術を分けて4件応募して4棟が採択され、全223戸を実施・供給しました。共通の考え方として、50年周期での更新を基本とし、100年間にわたる長期修繕計画を立てま

ブライトサンリヤン別府シールズ

した。

　長期優良住宅先導的モデルプロジェクトで採択された技術のうち、4棟の共通技術として、⑴外配管、⑵屋根の二重防水、⑶バルコニー側の全面サッシュ、⑷エネルギーのトリプル壁、⑸打ち継ぎ目地の水切り、⑹更新が簡便にできるパイプシャフトボックス、⑺道路と敷地をつなぐ洞道、⑻1階共用廊下の配管トレンチ、⑼間仕切り壁下の室内配管、⑽電線のプレカット、⑾バルコニーや廊下のレンガの腰壁、などがあります。また、物件別に個別採用した技術としては、⑿廊下側内壁と妻壁の一部をレンガパネルでつくる、⒀外断熱、⒁高断熱サッシュ、⒂1階共用天井内の配管を簡便に取り替えできる天井の仕組み、⒃バルコニー側の室内サッシュ際にある横主管トレンチなどがあります。

　技術の詳細については『300年住宅のつくり方』（建築資料研究社刊）をご覧下さい。

左上から時計回りに、オーヴィジョン塩原、パークサンリヤン博多の杜Ⅳ、オーヴィジョン新山口ネクステージ、ブライトサンリヤン別府シールズ

第4章で伝えたいこと

　「マンションの無料建て替え」でつくられる建物は、100年以上にわたって住み続けられるものでなければなりません。

　100年以上にわたって住み続けることを目的としたマンションは、既に福岡市などでつくられており、実例として見ることができます。7棟300戸近く存在しています。その内容については、拙著『300年住宅のつくり方』（建築資料研究社刊）で報告しています。

　100年以上もつマンションの技術は、実績がある工法に基づくものです。「SEFL」はその基本的な考え方で、①安全な資産価値、②エコロジカルな生産方法、③自由に変更できる空間、④300年間もつ建物という4つで構成されています。「マンションの無料建て替え」も、「SEFL」の基準に基づいて行われます。その技術の信頼性の保証として、JISマークに倣い、SEFLマークを付けます。これにより消費者に安心感を与えられます。

　「マンションの無料建て替え」では、現在の老朽化したマンションの所有者が30年間無料で居住できることに加え、年92万円／戸を受け取ることができます。

　GPIFは100年以上使用できる10万戸のマンションの土地と建物を取得します。100年から30年を引いた70年間の運営を予定することで成立します。GPIFの投資額は3兆円で、1,500億円の運用益を手にします。100年住み続けられる建物であれば、30年目以降の70年間の未来のお金を、「建物」と「最初の30年に支払われる年金」に充てることができます。現在にはない、未来のお金を持ってきて、現在で使うという魔法のような仕組みですが、GPIFであれば実現できます。

第5章
［具体的提案その2］
田んぼで電気をつくる

田んぼの発電所で
総発電量の20％を賄えます。
農家の年収800万円が目標で、
生活が安定し、人口が増えます。

I　小泉元総理への答え

佐賀県三瀬の田んぼの発電所

「田んぼの発電所」は、小泉元総理の「脱原発」発言を受けての「代替エネルギーはどうする？」という問い対する答えです。国は原発依存度を徐々に低くしていきながら、10〜30年後には止めることを方針としていますが、その後のことは誰も答えを出していません。どうしたら「脱原発」が実現するかを考えていくと、半年間何の用途にも使っていない田んぼで太陽光発電を行う、という考えに行きつきました。とにかく、田んぼは広く、全国どこにでもあります。そして最終的には、稲作を行っている期間中も田んぼの上空で発電を行う、ということで方向性が決まりました。

原発の代替エネルギーとして、休耕田や耕作放棄地ではなく、現在稲作を行っている田んぼの上空で太陽光発電を行う試みを提案します。太陽という自然の恵みを利用して、現在の日本で使われている電力の20％を賄うことが目的です。まず総発電量の4％から始めて、最終的に20％を達成します。目標として、まず農家1戸あたり1.5反の田んぼを使って50kWのシステム容量で発電を行います。次に100kW、最終的には250kWへと段階を踏んで、システム容量と田んぼの面積を徐々に拡大していきます。最終的な目標である日本の総発電量の20％、つまり年間約1,800億kWhをつくり出すためには、72万戸の農家が必要です。これは現在の日本の稲作農家数の約60％に相当します。

しかし、現在、日本のほとんどの農家には、発電用の太陽光パネルの設置費用を捻出するような余裕はありません。そこで、「平成の農地改革」という国家的な改革を提案します。これは、国による金銭的な補助ではありません。自然エネルギーの推進と経済の自立を促す施策です。今まで、田んぼは他の用途には使えませんでした。これを改め、この方式の発電に使用する場合、一部分に限り農地転用の許可申請手続きを簡便にするなどの措置を施し、田んぼの上空での発電を国が推進するのです。

太陽光パネルと架台の設置費が1農家当たり最大8,000万円かかると見積もると、72万戸で総額57.6兆円の投資を行う国家的な事業となります。この事業は、太陽光発電のシステム容量と、それに伴う田んぼの面積を徐々に増やしながら

図1 田んぼの発電所のお金の流れ

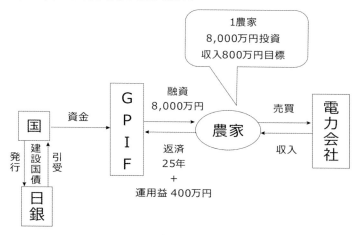

拡大していきます。

　日銀とGPIF（年金積立金管理運用独立行政法人）が投資に介在するお金の流れは「マンションの無料建て替え」と同様ですが、発電量を総発電量の4％から8％、さらに最終目標として20％まで増やしていくことで運用益も増えていきます。年金積立金の投資先として、株式などよりも確実でリスクが少なく、有益であるという認識も得られます。

　融資を受けた農業者は、太陽光発電の売電によって最大年額800万円の売上を得ることができます。このうち40％の320万円はGPIFからの借入金の返済に充て、さらに残りの480万円のうち16万円がGPIFの運用益となります。農業者の手元には464万円が残ります。従来の農業収入に加え、月々約40万円の現金収入が農業者に入ることになります。

　この図式を簡単にまとめると、国債を日銀が引き受けてGPIFに預託し、GPIFが農家に融資します。融資を受けた農家が太陽光発電を行うことで、貿易収支を悪化させている火力発電用の化石燃料の輸入量が減り、同時に米の生産量が維持あるいは増えて食料自給率が安定します。目標は、東日本大震災前に稼働していた54基分の原発の発電量の3分の2に相当する発電量を賄うことです。GPIFは、安定的かつ持続的に農家からの返済と運用益を受け取り、年金の支給額の減少に歯止めをかけます。これが「平成の農地改革」です。

Ⅱ 「田んぼの発電所」の具体的な目標

田んぼの発電所（夏）

田んぼの発電所（秋）

　田んぼは全国にあり、平坦で日当たりが断然良く、広い面積を確保できます。特に、農閑期の半年間は何もつくられていません。

　田んぼの上空を利用して行う発電の最終的な目標は、現在の日本の総発電量の20％を賄うことです。大きな数字ですが、日本の水田面積の30％を利用すれば十分に達成可能です。純国産自然エネルギーの創出です。

　「田んぼの発電所」は、現在稲作を行っている水田の上空で発電を行います。農作業と収穫量の両面で支障を来さないように、その上空を活用するのです。稲作をしている半年間は田んぼを、地上部分の私有地と、発電を行う上空の「共有地」（common space）とに分けて考えます。「共有地」は国民全体の財産と見なします。稲刈り後は発電のために上空の「共有地」のみを使用します。

　売電収入は農地の所有者に入ります。今日、日本の農業は従事者の高齢化が進み、平均年齢が66歳になっています。後継者の確保を難しくしている最大の理由は、自然を相手とする農業によって得られる収入の不安定さです。農家に生まれ、故郷の自然を愛し、親の仕事を継ぎたいという気持ちを持っていても、農業によって十分な収入を得ることができなければ、他の仕事を選ぶしかありません。他の仕事のために実家を離れ、都会に住むことになれば、折々の農作業の手伝いも困難になります。しかし、高収入を得られるという現実的な魅力があれば、後継者も農業を継ぐために故郷に戻ります。さらに新規の参入者も増えていきます。

　原発に替わる純国産のエネルギーを創出し、同時に、稲作農業を高収入の魅力ある職業にして農業人口を増加させ、農業を安定させることが、この提案の良いところです。太陽光という自然の恵みは、電気と農作物という形で、日常的に自然と共に生活している農業者に受け渡されることが相応しいと思われます。農業を伝統的に継承してきたように、太陽光という自然から電気をつくる新しい交わりです。

Ⅲ　田んぼにパネルを設置するための資金の流れとその効果

　現状では、全ての農家が初期投資としてパネルの設置費を捻出することは不可能です。今回提案する「田んぼの発電所」は、個人個人が資金をつくり投資を行うものではなく、国を挙げての代替エネルギー開発事業です。そこで、歴史に学び、明治の「地租改正」、第2次世界大戦後の「農地改革」と並ぶ大規模な「平成の農地改革」を行うのです。国が建設国債を発行し、1農家当たり最大8,000万円の投資を行います。対象となる農家の戸数は72万戸です。総額では8,000万円×72万戸＝57.6兆円になります。マンションの無料建て替えと同じく建設国債を発行し、日銀とGPIFが介在して農家への投資を行います。融資を受けた農家は売電売上の40％を元金返済に充て、5％の運用益をGPIFに支払います。

　このシステムを整備することで、経済破綻に備えて、お金の流れる水路をつくり出すことができます。

　現在、徴収された年金保険料の積立金は、国内及び海外の債券・株式に投資されていますが、運用益は経済状況に左右され、リスクがあります。

　電気という現代の日常生活に不可欠なものを創出し、稲作文化を継承するための国内事業に投資を行い、そこから安定した運用益を得ることで、この国が抱えるエネルギー・食料・年金という問題を改善しながら、国内に大きなお金の流れをつくり出すことができるのです。

　この提案は、架空の話ではありません。「田んぼの発電所」は、既に実在しています。ただし、まだGPIFの事業として採択されているものではなく、NEDO（国立研究開発法人新エネルギー・産業技術総合開発機構）という国の機関と福永博建築研究所との共同で行っている実証実験です。

　これから述べるのは、実際に「田んぼの発電所」について、農地に設置する前に行った工場内実験の結果と、それに基づいて修正を重ね、佐賀県三瀬の現役の田んぼの上空に設置して、NEDOと共同で行った実証実験の経過報告、及び今後の提案です。

三瀬の田んぼに設置した太陽光発電設備

Ⅳ 「田んぼの発電所」の仕組み—— NEDOとの共同研究

田んぼの所有者の井手野さんご夫妻

田んぼでの草とり

1 実証実験の目的

　ここで紹介するのは、NEDOの「太陽光発電多用途化実証プロジェクト」事業の1つとして、佐賀県三瀬の井手野にある井手野徳次氏の田んぼを借りて、平成26年8月から29年2月まで行った実証実験（プロジェクト名「米と発電の二毛作」）です。実例として、日本でここ1カ所だけに発電設備を設置しています。

　実験の目標は、
　第1に、水田の上空で発電できる、両端の柱のスパンが20mの架台をつくること
　第2に、耐風・耐久性の検証を行うこと
　第3に、設置した架台とパネルにより農作業に支障を来さないこと
　第4に、お米の収穫に影響が生じないこと
　第5に、発電コストが1kWh当たり27円以上にならないこと
　第6に、一部分のみの農地転用でパネルの設置が可能であること
　以上の6点を確認・検証することです。ここまでがNEDOとの共同研究の内容です。

　第6の農地転用については、NEDOとの実証実験を開始するに当たって、井手野氏の田んぼの使用について佐賀市農業委員会に申請をし、許可されました。転用した土地は、田んぼ全体ではなく、A字柱と、ワイヤーを支える折りたたみ式の脚が接地する部分のみでした。

　上記の実験結果を現実の問題解決につなげていくことが最終的な目標です。九州で初めての農地の一時転用許可を得て、2枚の田んぼの上空2mの位置に可動式のパネルを設置しました。平成27年10月15日に初年度の稲刈りを行い、田んぼ①で約97％、田んぼ②で83％、平均90％の収量となり、第4番目の目標を達成しました。

　平成28年度は、パネルの高さによる収量への影響を調査するために、パネルの高さを2mからワイヤーで3mに上げたまま固定しました。2年目の収量は82％となり、許容範囲に留まりました。

九州電力との系統連係を開始した平成27年7月31日から平成28年8月17日までの期間（381日間）における発電量は、15,896kWh、1日の平均発電量は41.72kWhとなり、想定通りの発電量を得ました。以下が実験の概要です。

②荷重と耐風実験

　まず、現地に設置する前に、工場内で実験を行いました。実際の田んぼに設置するための工事はかなり大がかりなものとなります。部材の強度や設置方法などを十分に検証した上で、試行錯誤を重ねて、安全で強靱な設備をつくるための工場内実験です。

　第1の、両端の向かい合う柱間が20mスパンの架台の荷重に対する耐力実験及び第2の耐風実験は、工場内で、パネルと同じ重さの水を入れたポリタンクを2個ずつ使用して行いました。結果、補強フレームを改良した試作2号機で、荷重による変形が生じないこと、次に、基準風速34m/sec（瞬間最大風速64m/sec）でも破損が生じないことが第三者機関によって確認されました。

　実証フィールドにおいても、設置後にパネルの荷重による問題の修正を行いました。架台、支柱のいずれにも破損や歪みは見られませんでした。

　平成28年度は、ワイヤーに大きな張力をかけたままで、パネルを最もバランスの良い3mの高さまで上げました。ワイヤーは20mスパンでゆるい懸垂曲線を描いています。自重とパネル、折りたたみ式の脚などの荷重で中心が約1mた

工場内実験（引っ張り）

工場内実験（右への傾き）

工場内実験（タンク積載）

田んぼに設置されたＡ字柱とワイヤー式架台

わんでいます。そのたわんだ頂点から田んぼの地面までが３ｍのままで年間を通して固定され、農作業に合わせてパネルを上げる必要をなくして作業の省力化を図っています。

③荒掻き・代掻き・田植え──架台の下での農作業

　第３は、架台の下で農作業が支障なく行えるかという点です。

　田んぼでは、田植え前の４月の半ばに「田起こし」をし、土を砕き緑肥などを鋤き込みます。４月下旬には、田んぼに水を入れて耕耘機で耕す「荒掻き」をします。「荒掻き」の後、さらに土を細かくするために４月の末日頃（田植えの３～４日前）に「代掻き」をします。そして５月の初旬頃に「田植え」を行います。

　太陽光パネルを支えるワイヤーは上下に可動します。４月の荒掻きから５月の田植えまでと、10月の稲刈りなどの作業のために農業機械がワイヤーの下を通る時は、高さを３ｍまで上げることが必要です。平成27年度は田植えが終わった時に脚を出して接地させ、パネルを地面に対して水平な状態で２ｍの高さに固定しました。台風に対応できる仕組みです。平成28年度は前述のように、脚を折りたたみ、３ｍに上げた状態で固定しました。上空で強風を受けた時に、凧揚げのようにバタツキを止めることを確かめる実験です。

　以上の実験により、農作業に支障がないという第３番目の目標をクリアしました。なお、一部の支柱の周辺など、機械が入らない所だけは手作業で行いました。

荒掻き

代掻き

田植え

4 ワイヤー式架台の特徴──日影と稲の生長

①ワイヤー式架台の特徴

今回提案するワイヤー式架台の特徴は、まず、相向き合う柱間が20mと、非常に長いということです。田んぼの中に狭い間隔で柱が林立していると、田植え機や耕耘機などの農業機械を使う時の邪魔になります。そこで農作業の動きに合わせて、柱スパンを20mとばしています。このスパンをとばすためにワイヤーをサヤ管に入れて、管の中をワイヤーが自由に動くようにしました。この両方の柱につないだワイヤーがそのままではパネルの重さでたわみ、大きな重さに耐えられません。ワイヤーに引っ張りをかけて荷重に対応しています。

パネルの下を自由に動くためには、ある程度の高さも必要です。この高さは、耕耘機と稲刈り機の車高から決めています。稲刈り機の高さ2.7mにあわせて、田んぼの地面からワイヤーが最もたわんだ頂点までの高さを3mとしました。

ワイヤーの特徴は、細いわりに引っ張る力に強いことです。クレーンなどでワイヤーが大きな重い荷を吊り上げているのがその例です。考案した仕組みでは、ワイヤーを柱の両方から引っ張ることにより、太陽光パネルの自重や雪の重さと釣り合うことになります。ワイヤーのたわみは、頂点が両端の高さ4mから1m下がると計算しています。この時、引っ張り合う力が最大となり、それに対応する基礎が必要になります。ワイヤーにかかる引っ張りに対応する反力が最も重要です。その値を実験で求めました。架台と釣り合う重さは、約3tでバランスがとれます。

この重さを受ける主体は、比重1.6の田んぼの土です。基礎はこの土を受けるように設計しています。土の中は、地中梁と荷重を受けるフーチングでつくられています。土の荷重とコンクリートの二次製品の重さで引っ張りを受け持ち、地中梁で土からの反力を受け持ってバランスを保ちます。

柱は地中梁の上部に構成します。力は、ワイヤーに張力をかける側は大きな引っ張りを受け持ち、内側は圧縮を受けます。力の流れに応じた型がA字型となり、柱の高さは4mとなりました。

A字柱2つを20m離して向き合わせ、それを4mの間を空けて2組設置します。実証実験モデルの面積は、8m（2m＋2m＋4m）×20m＝160㎡となりました。この約50坪が基本となる1ユニットの面積になります。

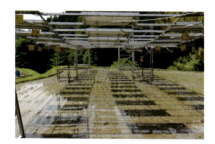

田植えの終わった田んぼとパネルの影

A字柱の基礎

完成間近のA字柱　　　（特許申請中）

図2　パネルを載せた20mスパンのワイヤーを高さ2mまで下げた状態

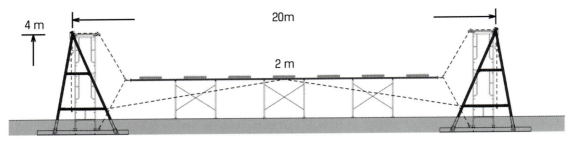

図3　パネルを載せた18mスパンのワイヤーを高さ3mまで上げた状態

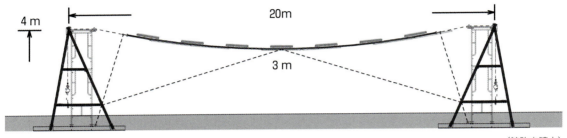

(特許申請中)

②部材について

　今回の実証実験にあたり、ひとつひとつの部材を新たに開発していくと膨大な労力と費用がかかりますので、既に市販されている既製品を利用することにしました。

　架台のメインの部材となるのは建築で使用する足場材です。ワイヤーとパネルだけでは、力がストレートにパネルにかかるため、パネルを支える台は足場の2枚の幅25cmの布板を使うことで、ワイヤー間に水平のスラブ面を構成することから始めています。

　次に、足場の布板を取り付けるジョイントの材料として、径が同じでジョイントの互換性がある水道管を選びました。水道管はワイヤーの動きと曲線に応じる柔軟性を持っています。実験では継ぎ手がネジ切りでは弱く、耐力が不足していることがわかり、新たにジョイントにフランジを取り付けて構成しています。

　このように、既に工業化されている部材を使用して、これまでになかったシステムをつくるという方針をとりました。ただし、一番荷重のかかるA字柱の交差部と、ワイヤーを伸ばす方向を安定させる滑車ガイド梁については既成品で対応できなかったため、新たに製作しました。

A字柱

パネルの下は柱のない広い空間

③間のつなぎ方

A字柱は幅2mの2列を4m離してつくります。2組のA字柱の間をつなぐ梁は、建築では仮枠補強に使うバタ角と言われるアルミの角材（4m×60mm×60mm）を利用しています。量産されている軽量で優れた材料です。この材とA字柱をつなぐことにより、160㎡＝約50坪という大きな空間に柱がないパネルの棚が出来上がります。

④脚について

A字柱のサヤ管ワイヤー列の下場には、1列に対して3カ所、予め箱型足場の脚を回転式で取り付けることにより、まず大型の台風時に対応します。工場内実験では、風速34m/sec、最大瞬間風速64m/secに耐えました。組み立てから始め、メンテナンスでも、予め取り付けた状態となります。足場の柱と斜めのブレースを利用すると、長辺方向の変形を防ぐ役割を受け持ちます。

⑤ワイヤーに引っ張りをかける方法

パネルの高さを3mに引き上げたり、2mに下げたりする動力として、建築や土木で使う、3tの重さを上げ下げできるチェーン・ブロックを使用します。160㎡の棚を上げ、次に4本のワイヤーに3tの張力をかけていきます。予め高さを3mに決めた位置で止めると、ワイヤー4本に張力がかかり、引力が生じていることがわかります。

⑥台風に備える

パネルの棚は160㎡と巨大なため、風対策にも万全を期しています。台風用の補強ワイヤーを取り付け、農業機械が下で動く時は外しますが、田植えが済み、刈り入れまでは3mの高さに持ち上げ、中央からワイヤーでハの字型の大スパンのブレースを4列張ります。そして、柱列と柱列の間には、中央からヘの字型のブレースを張り込みます。このワイヤーのブレースに、同様に小型の巻き上げ機で張力をかけていきます。この仕組みにより、パネルが受ける強風に対応し、パネルのばたつきを抑えます。

ワイヤーの利点は、型材に比べてルーズなため、変形させようとする力に柔軟に対応できることです。まだ本格的な台風は経験していませんが、パネルとパネルの間を、前後は1m、左右は4m空けているので、ある程度風が通り抜けます。

図4　実証実験モデルの1ユニット

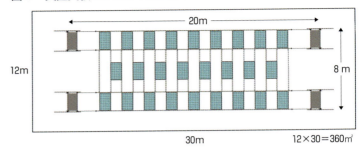

これは、小型の台風を2回経験した際に確認しました。

⑦ A字柱の周りを空ける

　実験時の経験から、A字柱の周囲は、自由に通行・回転を行うために、2mの空間を保つことが必要であるとわかりました。ちょうど2mの通路で周りを囲んだ形になります。農業用の機械が支障なく通れることを最優先にしています。この面積を加えると、1ユニットで360㎡となります（図4）。

⑧ パネルの日影3.5時間について

　建物が田んぼの隣に建った場合、その影のためにどのような影響が稲に生じるかという、日影と稲の収量に関する実証実験の報告によれば、1日5時間の日照があれば、光合成には問題がないといいます。また、別の研究者による、稲の

図5　夏至の複合日影（赤い線の内側）を計算し、
　　　パネルの間隔を空けた平面図（部分）

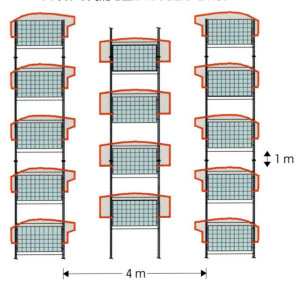

出穂から1カ月の日当たりが1日9時間あれば問題は生じないという報告もあります。

　実証実験では、6時から18時までの12時間の日照時間のうち、日影となる時間が3.5時間になるようにパネルを配置しました。3.5時間の日影であれば、残りの8.5時間で光合成ができます。出穂する時期は9時間以上の光合成が必要であるため、この計算では30分間不足します。しかし、佐賀県三瀬では、夏至の日の出が5時6分で日の入りが19時35分ですから、日照時間は約14時間半あります。この時間で十分に補えると考えました。

　ここが「田んぼの発電所」の一番の要となります。パネルの影が稲の生育に影響を与えないように、パネルの前後は1m、左右は4mの間隔があり、隙間だらけです。この隙間を埋める農閑期の半年間は、よりワイヤー張力が生きてきます。

⑨米の収穫結果

　第4の米の収量についても検証を行いました。影の生じていない場所と、影の影響がある場所を比較したところ、1年目は90％、2年目は82％の収穫量となり、いずれも許容範

30日目

50日目

80日目

100日目

囲内で問題はありませんでした。

　稲は順調に生長し、田植えから30日目午後2時の写真では、20cmほどに育った稲の上に、パネルが市松模様の影をつくっていますが、稲の生育に、場所によるばらつきは見られません。50日目午後の写真では、45cmほどに均等に育っています。80日目午後の写真では、穂が育ち80cmになっています。100日目午後の写真では、稲穂は実り「頭を垂れた」状態になっています。伸ばした状態では85cmです。稲刈りも間近です。

⑩坪刈り──収量の調査

(1)影の影響のない区画を、田んぼ①・田んぼ②から、それぞれ3カ所選びました。1区画の大きさは1m×2mで、1区画あたり40株を標本として採取しました。

(2)影の影響がある区画を、田んぼ①では5カ所、田んぼ②では4カ所選びました。1区画の大きさは1m×2mで、1区画あたり40株を標本として採取しました。

坪刈り

坪刈りで採取した標本

⑪平成27・28年度の収穫量

　NEDOとの研究の結果として重要なことは、収穫に影響がないことです。周辺の田んぼの収穫量と比較して、20%以上の減量にならないことを目標としています。

　表1は、採取した標本の平均値です。右端の欄が、影が生じない区域の収量を100%とした場合の、影が生じる区域の収量です。なお、平成27年度はパネルの高さを2m、28年度は3mで実施しています。

　平成27年度は、田んぼ①では、パネルの下で影の影響がある部分でも概ね97%以上、田んぼ②では83%以上、平均で90%以上の収量を確保しました。平成28年度は、概ね82%以上の収量を確保しました。この差は誤差の範囲内と考えられ、パネルの影が米の収量に与える影響はほぼないと考察されます。

表1　太陽光パネルの影と収量の関係

年　度	場　所	影の影響がない区（A）	影の影響がある区（B）	収量比（A÷B）
平成27年	田んぼ1	23.60g/株	22.87g/株	97%
	田んぼ2	26.43g/株	21.86g/株	83%
平成28年	田んぼ1	25.50g/株	20.90g/株	82%

なお、農地法における一時転用許可基準では、周辺の農地の同種作物の収量との比較となります。この場合は、例えば平成27年度の田んぼ①が141％、田んぼ②が147％、28年度は140％となりますので、転用許可基準である80％を大幅に上回っています。

5 発電コスト

第5の目標に「発電コストが1 kWh当たり27円以上にならないこと」を掲げています。先ほど述べたように、今回は市販されている既製品の建築用足場、パイプ、布板、ワイヤーなどを用いました。これらは実績として、30年以上の耐用年数があることを確認できています。

「田んぼの発電所」の1ユニット（柱4本、太陽光パネルの棚の面積は160㎡）の設置費用は400万円を目標としています。計画の第1段階である1農家当たり4ユニット（システム容量50kW）では、1,600万円になります。現在はまだ販売例がないので、4ユニットで2,000万円となっています（表2）。

ここまで、NEDOとの実証実験について述べてきました。パネル下の農作業に支障がなく、2年間ですが、収穫量にも影響がないことが確認できました。

次の段階では、20m×8mの1ユニットのパネル数を、稲作期と農閑期で増減させます。稲作期の田んぼでは、稲の生育に日影の影響が出ないようにパネルの隙間を空けて発電しますが、稲刈り後の農閑期には、パネルの数をほぼ倍に増やします。このようにパネル数を増減させる具体的な方法も

表2　発電コスト算出表

①建築工事費（材工共）　50kwシステム	2,000万円
②運転費（メンテナンスなど）	150万円/25年（6万円/年）
③機械部品交換費（パワコンなど）	200万円/25年
■1 20年間の総コスト（①+②+③）	2,350万円/25年
④システム容量	50kw
■2 1kwあたりの工事単価（①÷④）	40万円/kw
⑤年間発電量（実証値ベース、50kwシステム）	52,960kwh/年
⑥期間	25年
■3 20年間の発電量（⑤×⑥）	1,324,000kwh/25年
■4 発電コスト（■1÷■3）　※除去費は含まず	17.74円/kwh

既に開発しています。

V 基本の発電量

①実証実験モデルの1ユニット

実証実験を行った発電システムの1ユニットは8m×20m＝160㎡の大きさで、1枚250wのパネルが26枚で6.5kW（a）のシステム容量があります。それを設置する田んぼの面積は、架台の周囲に耕耘機などの農作業用機械が自由に動けるだけの余裕をとると、12m×30m＝360㎡となります。これを基準の面積とします。

実証実験の結果では、予測した計算値よりも電力会社に系統連結した発電量は上回り、システム容量にして14.45kW相当、年間発電量は15,228kWhでした。

②稲作期間中のパネル増加

発電効率を上げるために、5月から10月までの稲がある間は、パネルの裏側にも太陽光パネルを取り付けて（24枚）、水田からの反射光によって発電します。この実験は既に行っています。裏面パネルで10％の増加とします。計算上、裏面の半年間（5～10月）のシステム容量の増加分は、6.0kW×1／2×10％＝0.3kW（b）とします。

③農閑期のパネル増加

稲の収穫が終わり、田んぼに何もない時は日影を気にする必要がないので、パネルの隙間を埋めて発電効率を高めます。その方法として、裏面の太陽光パネルを反転させて隙間を埋めます。もともと表にある26枚に裏面24枚を加えることで、ほぼ倍のシステム容量になります。さらにパネルを増加させ

図4（再掲） 実証実験モデルの1ユニット

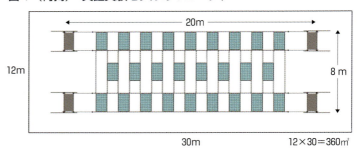

裏面に取り付けたパネル

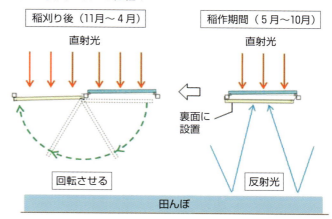

図6　裏面パネルの仕組み

る方法として、中央列のパネルをスライド式で2枚重ねにしておきます。これによる増加分は8枚です。

つまり11月から翌年4月までの農閑期には、元の表面26枚に、裏面を反転させた24枚と、スライド式で中央列の下から出てきた8枚の計32枚パネルが加わります。この半年間のシステム容量の増加分は、8.0kW× 1／2＝4 kW（c）です。

4　1ユニットの発電量

図7は、実証実験モデルのパネル26枚に、反転・スライドさせた32枚を加えた、計58枚のパネルと架台の平面図です。これが、「平成の農地改革」として、72万戸の農家に発電を行ってもらう事業の基本になるユニットです。この1ユニットのシステム容量は、計算上、a（6.5kW）＋ b（0.3kW）＋ c（4 kW）＝10.8kW となります。

表3・4は、この1ユニット当たりの発電量を稲作期と農閑期に分けて算出したものです。1ユニット当たりの1年分の発電量は、この計算方法でも、①3,550kWh＋②7,250kWh ＝10,800kWh となります。1ユニット、パネル58枚でのシス

図7　田んぼの発電所の基本ユニット

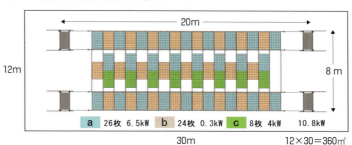

表3　5月〜10月（稲作期）の発電量

パネル配置	パネルの枚数	発電量（kwh）	期間
表面パネル	26枚	3,250kwh	半年間
裏面パネル	24枚	300kwh	半年間
合計（1単位）	50枚	①3,550kwh	半年間

表4　11月〜翌4月（農閑期）の発電量

パネル配置	パネルの枚数	発電量（kwh）	期間
表面パネル	26枚	3,250kwh	半年間
反転・スライドパネル	24+8=32枚	4,000kwh	半年間
合計（1単位）	58枚	②7,250kwh	半年間

テム容量は、年度の前半と後半で、使用するパネルの枚数が変わり、裏面の反射光を使った稲作期間の発電量が減少するので、半年ずつで計算すると上の数字になります。「田んぼの発電所」の実証実験段階では、減少分を考慮して、実験のモデルを、10.8kWのシステム容量で通年発電するものと見なしています。

　ここまでが、実証実験結果に基づく報告です。

Ⅵ　「田んぼの発電所」の設置計画

　先にも述べたように、実証実験に使用した26枚のパネルに、反転・スライドさせた32枚を加えた計58枚のパネルを、この提案の基本ユニットとします。さらに、架台上に2枚ずつ、計8枚を加えた66枚のシステム容量を12.5kWとして計算しています。

　本計画では、1農家当たり4ユニットから始めてもらいます。そのシステム容量は、12.5kW×4＝50kWとなります。そして、8ユニットで100kW、20ユニットで250kWと、段階的にユニット数および発電を行う田んぼの面積を拡大していきます。

　その全ての根拠は、現在三瀬で実際に発電の実験を行っている1ユニットから始まっています。

　以下に、「田んぼの発電所」の設置計画を、段階を追って解説します。

図8　4ユニット（12.5kW×4＝50kw）

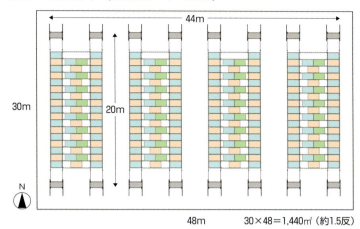

１ 第1段階：50kWで総発電量の4％
　　──水力以外の全自然エネルギーを超える

　まず1農家当たり50kW（12.5kW×4ユニット）のシステム容量でスタートします（図8）。設置する田んぼの広さは、360㎡×4ユニット＝1,440㎡で、約1.5反（450坪）となります。年間発電量は50,000kWhです。平均的な一般家庭の1年分の消費電力が約3,600kWhですから、およそ14軒分に相当します。年間の売電収入は、1kWh当たり32円で計算すると、32円×50,000kWh＝160万円です。

　架台の設置費用は、1ユニット当たり400万円で計算すると、1農家で1,600万円となります。この1,600万円が、日銀からGPIFを経由して農家の初期投資のために融資されるお金です。

　農家は、売電売上160万円の中から、GPIFへの返済に年64万円を充てます。完済には25年かかります。さらに、GPIFは、運用益として投資額1,600万円の5％、年3.2万円を受け取ります。年64万円＋3.2万円を支払って、残りの92.8万円が農家の収入になります。

　目標とする72万戸の農家がこの4ユニットで発電を行うと、日本の総発電量の4％の発電量になります。これは現在の水力発電を除く自然エネルギー（太陽光、風力、地熱など）による全発電量を上回ります。

２ 第2段階：100kWで総発電量の8％
　　──水力発電の総発電量をめざす

　次の目標として、1農家当たり2,880㎡、約3反（900坪）

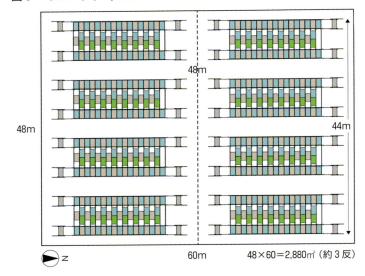

図9　8ユニット（12.5kW×8＝100kw）

の田んぼに8ユニットを設置して発電してもらいます（図9）。システム容量は100kWで年間発電量は100,000kWhですから、一般家庭28軒分の消費電力を賄えます。

建設費を含む架台の設置価格は、1農家当たり（400万円／1ユニット×8＝）3,200万円です。農家にとっては借入金が第1段階の2倍になりますが、売電売上も年320万円と倍になります。

このうち40％の128万円はGPIFへの償還、投資額3,200万円の5％の年6.4万円がGPIFの運用益、残りの185.6万円が農家の手元に残ります。月々約15万円の現金収入増となります。

目標とする72万戸の農家がこの8ユニットで発電を行うと、日本の総発電量の8％の発電量になります。これは現在の水力発電の総発電量に相当します。水力は現時点で最大の再生可能エネルギーですが、ダムの増設は環境への影響を考慮すれば既に限界に近づいています。「田んぼの発電所」による8％の発電量達成は、1世紀を超えるダム建設の歴史に比肩する、大きなエネルギー改革になります。

③最終目標：250kWで総発電量の20％　──原発の総発電量に迫る

平均的稲作農家の田んぼの広さを7.5反（2,250坪）とすれば、最大で7.5反÷1.5反×4ユニット＝20ユニットが設置できます（図10）。これが最終的な目標です。システム容量は250kW分で、年間発電量は250,000kWhです。一般家庭70

図10　20ユニット（12.5kW×20＝250kw）

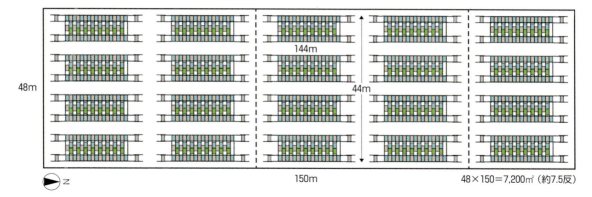

軒分の消費電力に相当します。

　建設費を含む架台の設置価格は、1農家当たり（400万円／1ユニット×20＝）8,000万円となります。一般的な農家にとっては考えられないほど大きな借入金になりますが、売電売上も年間800万円に達します。原資が大きければ利益も大きくなり安定します。

　このうち40％の320万円がGPIFへの償還、投資額8,000万円の5％の年16万円がGPIFの運用益、残りの464万円が農家の手元に残ります。月々約40万円の現金収入増となり、生活の質が変わります。

　目標の72万戸の農家がこの20ユニットで発電を行うと、日本の総発電量の20％の発電量となります。東日本大震災前には、54基の原発が総発電量の30％を賄っていました。その発電量に、「田んぼの発電所」だけでここまで近付けるのです。土に根ざした日本の稲作文化を守りながら、同時にエネルギーの自立を促し、化石燃料にも核にも依存しない、文字通り「日本を動かす力」を生み出すことができるのです。

4 送電線使用の優先順位

　この計画で重要になってくるのが、送電線の使用についての優先順位です。現在、送電線は電力会社が所有しています。せっかく田んぼで電気をつくっても、既存の発電システムで十分間に合っているからという理由で送電を断られてしまっては何の意味もありません。

　ドイツ、スペインなどの自然エネルギー先進国では、風力、太陽光などの自然エネルギーを優先的に送電しています。日毎の発電量の変化は、詳細に把握されています。気象予測と連動しながら、再生可能エネルギーを補完する予備電源とし

て化石燃料による発電を無駄でも確保しておき、必要に応じて30秒以内に起動させるシステムが出来上がっています。日本の気象予報の技術水準であれば、同様のシステムを整備することは十分に可能です。このような送電システムの整備も国家的な事業となります。

⑤ 買い取り価格

　最後になりましたが、本章の提案では、電気の買い取り価格を１kWh当たり32円で計算してきました。しかし現在は、この買い取り価格ではありません。この32円という価格を維持するために、もう１つの提案があります。

　現在、一般家庭では電力会社に１kWh当たり22円程度の電気料金を支払っています。この22円に10円を上乗せするのですが、上乗せ分は国が負担します。国がこの10円を負担する根拠は以下のとおりです。

　「田んぼの発電所」の最終的な目標は、総発電量の20％を賄うことです。年間発電量は1,800億kWhで、１kWh当たり10円の上乗せとすると、上乗せ分の年額は1.8兆円になります。現在、総発電量の90％弱の電気が、輸入された化石燃料、特に液化天然ガスによってつくられています。東日本大震災以降、発電のための化石燃料輸入額はほぼ年間7.5兆円で推移しています。「田んぼの発電所」が目標とする総発電量の20％の電力に相当する金額は約1.8兆円です。その分の化石燃料の輸入額を減らすことができます。

　この方式で、まず10年間は国の負担で電気料金に10円の上乗せをしますが、事業が軌道に乗ってくれば、さらに次の段階では、国民全体の同意を得ながら、段階的に上乗せ分を国民が負担するかたちに移行していきます。長期的な視野に立てば、できないことではありません。

　「平成の農地改革」には、国民的な理解と合意が必要です。何よりも、具体的かつ実現可能な代替エネルギーの提案が求められているのです。

Ⅶ　田んぼが持つ可能性

　全国で72万戸の農家が、50kWのシステム容量で発電を行えば、総発電量の４％の発電量を生み出すことになり、水力発電を除く自然エネルギーによる全発電量を上回ります。ま

た、システム容量が100kWになれば、総発電量の8％となり、水力発電の発電量に匹敵します。そして目標値である1農家250kWのシステム容量になれば、総発電量の20％となり、原発の代替エネルギーとして安定することになります。このように田んぼは信じられないほど大きな力を有しています。

　目標の4％、8％、20％を段階を追って実現していくと、農家の年間収入も160万円、320万円、800万円と増加し、その収入の増加に伴って農業の後継者が増え、農業の安定化につながり、再びの人口増加も見込めます。土に根ざした方法で変革を起こすのが「平成の農地改革」です。

　この「用意」により大きなお金が農家まで流れます。お金が流れる確実な裏付けとなるのが、第1に「田んぼの発電所」による原発の代替エネルギーであり、第2が農業の拡大であり、第3がお金の循環による地域の発展です。

　この提案は今までにない全く新しいものですが、その第1のポイントは、投資される大量のお金は年金積立金であり、5％の運用益を生み出すということです。この投資は25年ごとに行い、それを4回繰り返す「100年の大計」が年金制度の支えとなります。なぜ年金積立金の投資先を「田んぼの発電所」として資金の運用を図るかと言えば、たとえ国が潰れても、年金は必ず生き残らなければならないからです。年金が止まれば、3,000万人の高齢者がお金に窮します。年金は高齢者の命の源なのです。

　第2のポイントは、各農家の田んぼの所有権について、稲作期間中と農閑期とで分けて考えるということです。田んぼの上空は、稲の生育期間以外の時には、国民全体にエネルギーを供給するための共有地（common space）であると解釈できます。これが本来私有地である田んぼの上空に、大きなお金を公的に投資する根拠になります。

　第3のポイントは、ここで流れるお金は、エネルギーの輸入のための支出とバランスしていることです。自然エネルギーによる発電量が増加すれば、その分の化石燃料の輸入額が減少します。

　この提案は、佐賀県三瀬でただ1粒蒔いた種から始まっています。この1粒の種は、改良を加え、より「正しい」種になります。目の前の利益ではなく、日本全体のため、多くの方々に行動を呼びかけます。

　本書で提案している3つの「用意」は日本が破綻した時の

ためのものですが、日常的には、実施しやすい技術の改良やコストダウンなどを繰り返し、その内容を詰めていくことが必要です。そして、これらの提案が有効であることを示す具体的な報告がなされ、社会的に認められてゆけば、この国を変える大きな力になります。

　現代の社会では、物事の価値判断が「経済効果」という物差しを基準にしています。「経済効果」を中心に据えて、需要に応えるために拡大を繰り返す、これが近代以来の工業先進国の論理です。

　しかし、古来より日本に受け継がれてきた農耕文化の中心に据えられていたものは、変化のない自然とその賜物(たまもの)を慈しみ、年々歳々の繰り返しの中で、変わらぬ収穫を有り難く受け容れる生き方です。収穫される農作物は、工業製品ではなく、「生きている物」「命」です。「費用対効果」「コストパフォーマンス」といった言葉に象徴される拡大生産の世界とは相容れないのが、本来の農業の在り方です。

　近代の国民国家による、中央の繁栄を地方へと波及させるという考え方とは逆に、農業を中心に地方が豊かになれば、国も豊かになるのです。中央に従属する地方という構図ではなく、古来存在していた、共同体としての「故郷」の範囲に、自治の源があります。この源を壊さずに、改めて守り育てます。

　農作物の生産には、農業者の手が加えられていますが、本当の主役は自然環境です。自然の生き物たちが求めるままに、農業者は手を貸すのです。農業技術と農業機械によって生産性は向上しました。しかし、経済成長により、農業と他の産業との格差は開いていくばかりで、農業人口は、半世紀あまりで650万人から200万人を割り込むところまで減少しています。農業が日本のGDPに占める割合はわずか1％です。

　蛙や虫の声も、田植えも手入れもしない田んぼからは聞こえてきません。農作物は輸入することができても、田んぼの周辺にある自然環境は、一度破壊されれば外から持ってくるわけにはいきません。

　実証実験を行っている佐賀県の三瀬では、田植えの後、1月半もすれば、あたりの空一面に精霊蜻蛉(しょうりょうとんぼ)が飛び交います。幼虫のヤゴは水田で育ちます。水田がなければ蜻蛉は消えてしまいます。蛙やイモリもたくさん育っています。田んぼは田んぼのままに、稲をつくることを止めずに、農業者が生活を維持していくことができる方法はないか。それが「田んぼ

の発電所」に至るきっかけです。

　農業は、現在衰退の一途をたどっています。これに歯止めをかけ、工業化した社会に適合させる方法は、両者の組み合わせです。農業を維持するためには、田んぼで米をつくりながら同時に発電を行い、田んぼからの収益を増やすことが重要です。その方法が「田んぼの発電所」です。システム容量を段階的に増やすことにより、生活に安定感をもたらします。自然の恵みの最大のものである太陽光を、農業と発電に利用することによって、その利益を国民全体が共有します。

　1年のうち4月から10月までの6カ月間は田んぼで米をつくりながら上空で発電を行い、後の6カ月間は影を気にせずに隙間を埋めてパネルの数を増やし、田んぼを太陽光発電のみに使うことで、発電量を倍に増やします。

　「平成の農地改革」によって「太陽光」を共有することで、自然エネルギーが増加し、営農の継続が促進されます。

　農業と発電の組み合わせを図り、投資の対象とすることで、そのお金は「特需」として全国へ流れていきます。これが第2の「用意」の具体的提案です。

第5章で伝えたいこと

　小泉元首相が脱原発を唱えて、初めて「そうなんだ」と理解しました。どうにかして原発の替わりとなる方法をつくらなければと思い続けました。その答えが「田んぼの発電所」です。

　田んぼは半年しか使いません。「田んぼの発電所」は、お米を育てながら電気をつくり、段階的に発電用パネルを増やしていくというものです。田んぼの上空で電気をつくれば、原発の替わりになります。日本の総発電量の20％を賄うためには、日本の田んぼの総面積の30％に当たる72万戸の農家の方に、田んぼで1農家当たり250kWの電気をつくってもらえば実現できます。田んぼは、広くて日当たりの良い場所です。

　1農家当たりの投資額は8,000万円と大きいですが、売電収入も800万円と高額になります。3つの用意の中で一番大きな投資です。田んぼの発電所は25年を1つの投資周期と考えます。1周期の投資額は約60兆円、100年間の間に4回繰り返されるので、合計で240兆円もの投資になります。この金額は、現在の住宅ローンの残高230兆円に匹敵します。

　電力エネルギーは国の根幹です。ここを安定させることが要となります。これだけ大規模な投資を100年にわたって続ければ、農業従事者の人口は必ず増えます。私は田んぼの発電所を、大きな資源開発として捉えています。ダムや石油開発と同じ位置づけです。

　このプロジェクトはまさに「平成の農地改革」です。何よりもGPIFの投資によって、お金が農家まで届く流れができると同時に、年金資金の安定的かつ重要な投資先になります。

第6章
［具体的提案その3］
シルバータウンをつくる

シルバータウンは、自然の中で暮らす、
働・学・遊のまち。
健康で暮らせる、まちづくり。

I　「愛」は社会を変えられるか

① 社会保障を考える——団塊世代の不安な老後

　我が国は、65歳以上の人口が3,000万人を超えるという世界一の超高齢社会になりました。人生を、学校で学ぶ教育期を第1世代、社会の担い手として働く現役期を第2世代、知恵や経験を活かして活動する円熟期を第3世代、ケアが中心になってくる高齢期を第4世代に分けて考えると、仕事から離れた65〜75歳は第3世代に位置づけられます。

　第3世代の人たちは、60歳を超え定年を迎える時、その後の人生の過ごし方を考え、引き続き「働く」「働かない」という選択をしてきたかと思います。しかし、平均寿命が延びた現代では、第3世代のほとんどの人は健康で、自立した生活を送るべく働くことができます。この章では、第3（65〜75歳）の人生を安心して過ごす方法を考えていきたいと思います。

　日本ではほとんどの人の考えの中に、老後は、子供たちに迷惑がかからないように財産をストックして生活する、という思いがあり、それゆえに我が国は国民の貯蓄が世界水準から見ても高く、総額1,800兆円となっています。子供たちに迷惑をかけたくないという思いは、団塊夫婦に対して行われたアンケート調査結果に顕著に表れています。結果からは、男性の半数以上が子供ではなく、妻に介護を頼みたいと考えていることがわかりました。また女性の場合は、夫に頼りたいとの意見は25％ほどで、施設や病院、ホームヘルパーや訪問介護師を希望する意見が多く見られます。子供による介護の希望は男女合わせても10％弱となっており、年金で生活してケアが必要になったら国に面倒を見てもらう、といった考えに基づいて、第3（65〜75歳）の人生設計をしているともいえるでしょう。

　子供たちに面倒をかけないで生活できる人たちには資産があります。その資産は平均2,250万円ほどの流動資産となっています。しかし、65〜75歳の第3の人生の期間にその資産を消費してしまうと、次の世代に資産が残りません。つまり、現在の団塊世代を初代とすれば、2代目である団塊ジュニア世代に資産を残せなくなり、団塊ジュニアの老後の人生が不

安になり始めています。

　拙書『300年住宅』および『300年住宅のつくり方』という2冊の本では、初代はまあまあの暮らしをして、2代目が少し余裕をつくり、3代目で資産が出来上がり、社会奉仕や文化をつくり出していく、といった資産構築の流れを書きました。この考え方は家を100年以上使用することで、住まいにかかる費用をなくし、3代・100年をどう生きるかといった方法でした。しかし現代は、年金などの社会保障の給付が負担を大きく上回り比較的裕福な老後を送ることのできる団塊世代に対して、団塊ジュニア世代の将来は厳しいものがあります。

　非正規雇用者が多く、年功序列型の昇給制度、福利厚生や退職金制度の恩恵が十分でないことに加え、今後の経済成長も期待できないのでまず蓄えが乏しいのが現実です。その上将来、社会保障の給付が負担を下回ると予測されています。それゆえに、いかにして資産を残すのかを、これまで以上に考えていかなければなりません。

　例えば、平成28年の日本の社会保障財源においては、収入のうちの被保険者および事業主拠出により集まる社会保険料総額は66.3兆円です（図1）。また支出を見ると、年金は56.7兆円となっており、仮に年金は社会保険料を集めたお金だけで足りているとします。しかし、医療、介護、生活保護の合計51.6兆円については税収を全額充てたとしても賄えません。

図1　平成28年度の社会保障財源と給付のイメージ（単位は兆円）

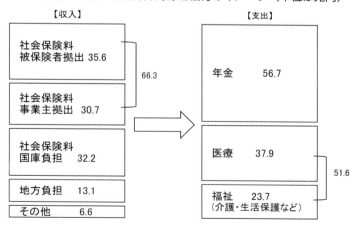

② 日本経済は戦後72歳
──年齢に応じた経済の在り方

　日本の財政は、マイナス45兆円の財政赤字、さらに、東日本大震災後の原発稼働停止による化石燃料の輸入増のため11.5兆円の貿易赤字（平成26年）にもかかわらず、高水準の対外債権保有による所得収支を含む経常収支の黒字により補われており、国の国際収支をもとに赤字国債を発行しています。バブル後に500兆円あった債務残高は増え続け、現在の債務残高の累計は1,000兆円ほどになっています。ここ二十数年ほどの間に雪だるま式に膨れあがった日本の債務残高の対GDP比率は先進国の中でもトップです。

　米国は財政赤字と貿易赤字の2つの赤字を抱えていますが、日本・中国からの資本やオイルマネーが米国に流入することで国際収支は黒字となってバランスを保っています。日本は貿易の黒字化が重要です。しかし、東日本大震災の原発事故以降、代替の火力発電で燃料の輸入費が増加し、貿易収支は赤字となっています。この貿易赤字の状態がこれからも続けば、国債の格付けが下がって国債の金利が上がり、国の借金をさらに増やすことになります。

　デフレの国内経済や1,000兆円の国の債務、貿易黒字に依存する国際経済バランスが、このままで良いわけがありません。バブル後20年以上、毎年のように「景気回復」が唱えられていますが、もう景気に左右される問題ではありません。今や日本経済は、これまでのような市場の拡大を求めるやり方では問題に対応できなくなっています。

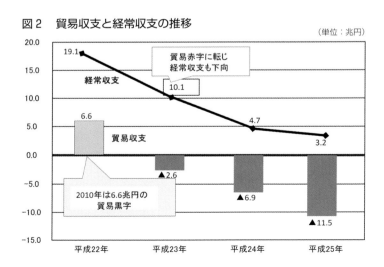

図2　貿易収支と経常収支の推移

戦後復興が始まった昭和20年を起点とすれば、日本の経済は平成29年で72歳になります。高度経済成長期を16～30歳の青年期とすれば、バブル景気は働き盛りの30～40歳の壮年期といったところになると思います。ちなみに、バブル期の平成2年における日本の税収は過去72年の中でピークになっています。そのうち所得税、法人税の2つについて見てみると、

所得税：15兆円

法人税：20兆円

　合わせると35兆円となり、これが我が国の税収のピーク時における所得税と法人税の最高額です。平成28年度予算では所得税と法人税の合計は当時の約85％の30兆円ほどです。

　バブル期の財政状況としては、国の借金は500兆円ほどで、政府予算は72兆円でした。そして今、日本の経済は72歳。72歳の体力（経済力）を、30歳や40歳と同じような方法で維持回復させることは情勢も変わり困難です。バブル期のような所得・法人税収を期待することはできないでしょう。そこで、日本の人口動態や経済は72歳になっていることをまずは認め、72歳にあった考え方を持ち、その時代や価値観にあった市場や経済の在り方を設定していくことが求められていると考えます。まずは、社会保障を受ける当事者である3,000万人のシルバーの意識を大きく変えていく必要があります。

③「和田レポート」でシルバーへの理解を深め、生き方を学ぶ

　高齢化社会となった時代の生き方を提案したものとして、当建築研究所で作成した「和田レポート（『来るべき高齢化社会に向けて』）」があります。このレポートは、20年以上前、日本最初のシルバータウン「美奈宜の杜」の提案をする際に、第3世代の生き方の精神的な哲学としてまとめたものです。レポートを通してシルバーを知り、学ぶのです。シルバーが社会の中でどういう位置づけにあり、どのような行動が求められるのか、最終的にはどのように生きていくことが3,000万人のシルバー、特に第3世代、そして社会にとって望ましいのか、といったことが書かれており、シルバーと社会との最良な相対関係が見えてきます。ここからは、一部、「和田レポート」を要約します。数字はレポート作成当時（平成5年）のものです。

①直面した高齢者問題——「介護」は必要だが目標ではない

　日本人の高い集団帰属意識は、仕事をリタイアした人にとって空虚な孤独感をもたらす。「老人」と括（くく）られ、組織から離れた不安、核家族化により居場所も失う。「老化」とは生理的なものを中心に捉えるが、「精神的」「社会的」な老化という視点も同位に定義される。つまり高齢化社会のあるべき位置づけは、高齢者医療に勝るとも劣らない問題の柱となり得るが、日本の現実は、ケア＝管理と意識は「効率」重視へと向いている。手本となる高福祉型社会のスウェーデンでは、国の財政負担（公務員給与、年金、手当など）で生活している人は466万人で、民間労働者の200万人に対し、約2.3倍に達する。租税負担は重く国民のやる気を喪失させ経済危機を迎える。日本も高齢化社会が進み、多くの問題に直面しているが、増税という逃げ道をつくることを避けるべく、方向転換しなければならない。

②「友愛」と「互恵」の社会づくり

　高齢者問題についてケア問題＝管理が最優先のテーマと掲げることは、真の成熟化社会に相応しくない。将来、誰もが迎える老後の人生。多くは他人事と感じるのか。しかし、日本は相互依存の文化。困った時はお互い様だ。個人と個人が助け合い、個人と集団がコミュニティとして繋がってゆく図式が目指すべき社会ではなかろうか。個人が生き甲斐を見出し、それが誰かの役に立っていると感じ、一体感が生まれる。社会の一人としての存在意義を確信する。

　助け合うこと。経済の発展に伴い、「効率主義」を優先してきたばかりに、その外郭は見えても意味は見えづらい。人は「豊かさ」を知る際に、他と比較して、もしくは第三者の情報に与えられた尺度による価値を元に判断してきた。そこには、他人より豊かでありたいとの自分至上主義、優越願望が見え隠れ。全て否定はしないが。アンバランスな世代構成の中で、人は「支えあう」必要があることを再認識すべきだ。高齢者は自立し、勤労世代と共生して、社会を動かすことを目指す。「友愛」と「互恵」をもって人間関係を支え合う。メディアに踊らされ、競争心を煽られる中で「虚」と「実」を見極められるような冷静な、あるいはゆとりのある意識でありたい。心のゆとりは、充実感を生み、それこそが豊かさの尺度と気づく。ゆとりを持つことができれば、高齢社会においても思いやりのある助け合いができる。このことを国の

方針として求める。

③超高齢社会における方針と意識

大勢の元気な高齢者に焦点を合わせ大局的に捉えるべきだ。ケアは段階の最終局面では必要だが、それがすべてではない。生き甲斐ある生活と、社会の一員である認識と自信を持つことだ。豊富な経験を持ち、研ぎ澄まされた知恵、知識を持った高齢者を「老いぼれ」と蔑むことはできようもない。共生できる社会を支え合うために。

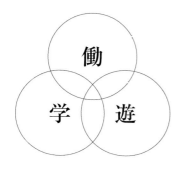

リタイアした個人が、健康に生活を送るにあたり、「働」「学」「遊」のキーワードを軸に考える。現在の都市に住む高齢者にとって、年金中心の生活に加え、1日4時間、現役時代の半分の時間を「働」くことで自立ができ、社会の一員としての存在を実感できる。また、ひと通りの人生を経験した高齢者は、鋭い探究心と熟成された好奇心からさらなる挑戦を目標に掲げ、自発的な「学」習は、その人生の「質」を高め、有益で、これ以上頼もしいものはないと感じる。そして未体験な領域に踏み込めば、「遊」びの世界は感動を帯び、深い洞察力により奥行きを持つ。65歳以上が3,000万人に達した高齢化社会では、心の豊かさ、ゆとりを紡ぎ出す社会となるべく、「友愛」と「互恵」の言葉を通して、歩むべき方向として位置づけることが必要だ。

この和田レポートでは、高齢者の立場・考えに立ち、哲学的にアプローチし、問題と対峙している。人が集まるコミュニティの中心になるものは、互恵（お互いに助け合う）であり、友愛（思いやり）の意識であり、この心が、豊かな街をつくってゆく。そこでは、「働」「学」「遊」の精神を柱に、健康な生活を送り、人生の完結を目指す。高齢者の心の中にある、安心できるリタイア後の生活とは、どのようなものかを提案している（ここまで「和田レポート」要約）。

4 シルバー社会に応じた「互恵主義」とは

「和田レポート」で導かれた考えに基づくと、変化する社会においては、新しい原理原則が必要になります。資本主義、民主主義など、立場や考え方、方針や原理原則、仕組みなどを表現する言葉として「主義」という言葉を使います。この章では成熟した日本の向かうべき原理・原則を「互恵主義」と表現したいと思います。この「互恵主義」を土台として思想や価値観、経済や政治の在り方などを考えることで、今後

社会はどうあるべきかを理解することができ、その進むべき方向性が見えてきます。福岡県にある「美奈宜の杜」で目標としたて掲げた「互恵」という考え方が、進むべき方向として個々の心の中に浸透していき、互いの心をつなぎます。

「互いが助け合うことで役目が見えてくる」

「お互い様で、人が絆で結ばれる」

現役時代は仕事で時間が拘束されますが、リタイア後はボランティアなどの奉仕活動が例として挙げられます。社会にとって必要なことが、お互いに助け合う社会の構築に参加することで見えてきます。

私の専門である建築から「互恵主義」における、人々と社会との関わりを捉えると、「まちづくり」がテーマになります。皆が使う「通り」を保全しながら、話し合いを通して修正していくなど、自主的な取り組みを行っています。一人ではできませんが、街で決めたルールに従って新しい建物をつくっていくのです。福岡市のけやき通りでは、①塀をつくらない、②オープンスペースを設ける、③色を合わせる、④素通しのシャッターの３つのルールに従って、街並みが整えられています。共通の「互恵主義」が「通り」という社会環境を形づくっています。美しい通りになると、そこに価値が生まれ、手入れを続けることで、みんなにこちらのことを伝えることができる。お互いの立場がわかって目的や目標が達成されます。

シルバータウンでは「働・学・遊」の３つのコンセプトを掲げています。この「働・学・遊」が日常に取り入れられ生活に馴染んで行く中で、古来より日本人は、その根底にある「互恵」に基づいて互いの立場や関係を築いてきたということに気づき、人間として深化するのです。

「働・学・遊」については、後ほど詳しく述べますが、この三位一体の考えは、心身の健康を保持し、精神的ゆとりを深め、生き甲斐を増幅する、というものです。人は自らの心が豊かであれば他者に思いやりを持って接するようになり、お互いが助け合う中で人と人とが絆で結ばれます。今、福祉で行き詰っている日本にとって必要な「こころ」です。

けやき通り

II 超高齢化社会におけるシルバーの労働力の見せどころ

1 高齢者が元気になるまちづくり
——介護より病気にならない環境を整える

　社会保障のひとつ「介護保険」の平成28年度の給付費は10兆円となっています。医療費の社会保障負担を増加させないために、高齢者が病気にならない環境を整えることが必要です。第3世代（65〜75歳）のために、短時間の労働と健康的な住環境、コミュニティのつながりを実現する「シルバータウン」をつくり、シニアの良好な生活の場とし、社会の連接点とします。その開発費については、国が建設国債を発行して投入し、お金の流れをつくり、日本経済の問題解決の糸口とします。

　急激な高齢化が進んだこともあり、第3世代の生き方、暮らし方が今日まで明確に示されていません。第3世代の人口は1,700万人と高齢者総人口の約半数であり（図3）、肉体的にも精神的にも、第3世代の多くの人は健康で自立しています。経験に富み、多くの知恵も持つ彼らのマンパワーをシルバータウンで活かすのです。仮に1,000戸のタウンが全国に100カ所できれば、100の知恵の集合体が生まれます。

　収入を得ることのできるシルバータウンは経済的に豊かであり、現役世代にも憧れの場所となります。退職で社会を離れる第3世代（65〜75歳）は、現役の第2世代（20〜64歳）と補完し合うことで相乗効果を発揮します。世代間の力が発揮しやすい環境づくりのモデルとなるのがシルバータウンなのです。

　福岡県・甘木の地に、かつて私が全国初のシルバータウンとして企画・設計した街「美奈宜の杜」が実在します。この美奈宜の杜の開発に携わったことが、シルバー世代の幸福とは何かを深く掘り下げるきっかけとなり、その後二十数年間にわたり構想を練ってきました。これからのシルバータウンは、現代のニーズに適合するまちづくりを目指していきますが、コンセプトや目標点は今も変わることはありません。

2 福岡に実在するシルバータウン「美奈宜の杜」

①ロケーション

　全国初のシルバータウンである「美奈宜の杜」は、筑後川

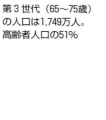

図3　高齢者人口比

美奈宜の杜の全景

北部の筑後平野を見下ろす広大な丘陵地に40万坪の敷地面積を有し、街の中心となる通りは秋月城跡へと続いています。大仏山を切り開いた小高い丘の南側には標高800mの鷹取山を筆頭に耳納連山の山並みが広がっています。筑後川のきらめきが美しく、清らかな水に恵まれた、稲や果物がよく育つ豊穣の地です。

②背景

　ここはかつては、山中を歩くのに2時間かかるほどの未開の地でした。時代はバブル期の真っ只中で、会員権の収益を見込めるゴルフ場や大学誘致が進められていましたが、タウン計画の実現にあたって、西日本振興株式会社の勝野高成社長（当時）が中心となり、受け入れ側の甘木市（現朝倉市）の協力を得て事業開発計画を進めていきました。

　モデルとなったのは、既にアメリカやオーストラリアで展開されていた「リタイア・ビレッジ」でした。ハード面でのセキュリティやサポート体制、ソフト面で同世代の人々の触れ合いを取り入れています。日本ではアメリカのように治安の維持に関しては厳重なものを必ずしも必要とはしませんが、建設の際に、防犯や定期巡回の体制の充実に努めました。

　ニュージーランドでは、ビレッジ内の住居と住居とが適度な距離を保つ配置となっており、住居が自然の中に融合すると同時に個人の領域が守られています。この自然の中での暮らしの営みにヒントを得、当初の計画より敷地面積が1.5倍に拡大されました。

　オーストラリアでは、人々のリタイアビレッジでの老後の

生活を楽しみたいという希望が、娯楽の充実として活かされています。美奈宜の杜ではコンセプトのひとつである「遊」の部分にこれを反映し、ゴルフ場の建設などのかたちとなって実現されています。「住民はもちろんのこと、訪れた人の笑顔を見れる街にしたい」という勝野社長の強い想いがあり、また、毎日ゴルフのラウンドをリゾートのように楽しむことができたら、という希望を叶えるべく、ゴルフ場はタウンの中心部に配置され、美しい景観が広がっています。当時、「ゴルフ場のある街」は、街の姿としては珍しいものとして話題となりました。ゴルフを目的に、居住者以外の人たちも訪れる、開かれた活気あるまちづくりを目指しました。

③街区・街路づくり

街は、ゴルフコースを望むエリア、ゴルフ場横の寺内ダムを展望できるエリア、筑紫平野と耳納連山を見渡すエリアの3つの居住区画から構成され、宅地の裾野の向こう側には雑木林が広がっています。また、住戸を建てるに当たり建築協定を設け、道路部分の緑地帯と宅地内のオープンスペースの植栽とを併せることにより二重の並木歩道をつくるなど、統一感のある景観づくりを行いました。

公園と境なしで接する住宅

美奈宜の杜内のメイン道路

それぞれの街区内にある公園は、個々の住宅敷地内にある庭の延長とすることで公私の境を感じさせない生活緑地としての特性を持ち、花々が植えられた前庭を公開する催しが毎年行われ、住民の楽しみとなっています。またオープンスペースの導入で、緑地帯が歩道と車道の分離を明確にすることで安全性が高まり、高齢者が注意をするのではなく、街の構造が安全を誘導するかたちになっています。このように景観のルールをつくることで、街が自然に溶け込むようになっていると同時に、各々の住民の領域が守られています。

街路の植栽に関しては、季節感はもちろんのこと、交差点まわりには変化を加えたシンボルツリーを植栽するなど、街路の場所的な特性と調和した植栽が行われ、また幹線道路は緩やかな勾配に配慮することで、自然の山の高さに応じた美しい線形を描いています。

また、3つの居住区のそれぞれに集合住宅の建設を予定し、家や庭の維持管理ができなくなり住環境をコンパクトにしたいと思った際に、戸建てから集合住宅へ住み替えができるような住戸計画が行われました。集合住宅への住み替えは、タ

ウンにまた新しい住人を迎えることになり、都市から郊外への人の循環を促します。

④運営と現在の様子

現在では550名を超える定住者と、100戸を超えるセカンドハウス利用者がここでの暮らしを楽しんでいます。住環境としては、文化教養娯楽施設および管理施設などからなるコミュニティセンターを中心に、住宅ゾーンやゴルフ場（秋月カントリークラブ）、テニスコートなどのスポーツ施設が配置され、街を形成しています。

街の住民サービスの窓口の機能を持つコミュニティセンターには、総合病院や在宅介護支援センターと提携した内科や歯科クリニックが設けられ、在宅看護にも対応しています。また管理スタッフが365日24時間体制で常駐し、住民の暮らしをサポートしています。これらの施設管理や住民へのサポート体制に始まり、催しや祭りの実行に関することまで、総合的な街の運営を企業が担っています。四季折々の自然の中で、住まい、健康、ふれあい、生きがい、仕事、安心、遊びの環境づくりを基本とする、高齢者の新しい生き方を創造するまちづくりがこれまで行われてきました。

さらに住民同士の交流を図る新聞をつくり、町の行事やサークル活動の様子、新しく引っ越してきた住人の紹介など、コミュニティの交流を促進する活動も継続して行われています。お互いのことを知ると、互恵の心が自然に生まれていきます。

③ハッピーリタイアを過ごす合い言葉は「働・学・遊」
——人は住みなれた場所から移り住むことができるのか

美奈宜の杜について当初は、現代の「姥捨て山」ではないかとの声もありました。しかし、開発から20年以上が経ち、街も住民も成熟し、非常に良いコミュニティが形成され、全国から多くの人が移住しています。シルバータウンは、郊外の自然の中で「働・学・遊」のコンセプトに基づき、人々が共通の空間や時間の中で暮らしを営むことで精神性を構築するモデルとなります。

誰しもが住みなれた場所から離れることには抵抗があるかと思います。過去の歴史を振り返ってみると、疎開、移民（ブラジル、アメリカ、ドイツ、アイルランドなど）のように、過酷な状況下に置かれ、食べるため、生活していくため

なら人は世界中を移動するのです。

①農業塾の受講生募集について考える

　以前、新聞で「ふくおか農業塾」の募集記事を見かけ、考えさせられたことがありました。

　「ふくおか農業塾」とは、約2年間にわたり月6〜8回の農業の講義や実習を行い、未経験者でも就農できる技能を身につけてもらおうというものです。定年を迎える団塊世代をメインターゲットに、20歳以上の市民を対象として新聞掲載などで募集を呼びかけました。福岡市の担当者によれば、「小規模な農業でも、団塊世代にとっては貴重な収入源。生きがいづくりにもなるのでは」とのこと。

　後日、その募集内容が掲載された新聞紙面を団塊ジュニア世代の知人に見せたところ、定年を迎えたわけでもないから私には関係ない、といった反応でした。実際になかなか受講者が集まらないようなのです。その記事を読んでも、「それが『将来の自分』に向けられたメッセージだとは誰も思っていない」ということです。

　例えば、「津波が来る、早く逃げろ」と言われたら、生死に関わる状況で逃げない人などいません。しかし、その募集記事を読んでも自分には全く関係がないと思ってしまうのは、現在の社会保障制度をはじめ、国が抱えている問題を客観的にしか見ていないということです。将来、生きることに関わる問題となれば、真剣味を帯びてきます。この募集記事を「この先、年金がもらえなくなった時のために、自給自足で食料だけでも確保しましょう。さらにはその生産物を売って収入にしましょう」というメッセージとして受け取ると、様子も変わってくるでしょう。

　2050年には総人口に対する65歳以上の割合が5人に2人になると予測があります。これを考慮しても、若い人の負担がさらに増すことは確実です。今の若い人の収入では高齢者を支えることはできないでしょう。仮に賃金アップが実現して税収が増えたとしても、この5対2の状況では問題解決にはならないと思われます。国がどうにかしてくれる、いつか経済が上向く、と当てもないことを信じていても何も変わりません。そして、現実に生活ができない、年金受給額が減り生活を営むことができない時が来たら、人は必ず慌てるに違いありません。食べることさえできない時が来たら、人は「働く」ことを望むでしょう。

しかし、危機になってからではもう遅いのです。「住むと収入を得ることができる街」そんな街が存在したら……。それを現実のものとするのが、自然溢れる田舎に住み、健康に暮らせて、収入を得ることのできる「シルバータウン」なのです。

少子高齢化に伴い、社会保障費の負担が国家財政を圧迫しています。シルバーが社会保障を受ける立場から、働くことで生産性を持ち、収入を得る立場へと変わっていくことが必要です。この本では、第3世代を中心としたシルバー世代が安心して暮らすために、「働く」ことの重要性と、社会の受け皿の必要性を唱えています。シルバー世代のこれからの行動に、子供たちの将来が託されていると言っても過言ではありません。第3世代が「誇り」を持つと同時に「先人として世の手本」となり、次世代の心に響くようリードしていくのです。

第3世代がハッピーリタイアを過ごすにふさわしい環境を備え、超高齢社会の受け皿としての役割を担うのが「シルバータウン」なのです。

②シルバータウンに必要とされるもの

ハッピーリタイアを過ごすために、まず必要とされるのは自然の中での暮らしです。農耕民族として集団社会を形成し生活を営んできた日本人の起源を考えても、自然との共生を望む気持ちは納得のいくところです。次に、移動先には人々が望む条件が整っていることも重要です。

物理的な条件では、
・遊べる場所と、働く場所がある街
・収入が得られる街
・学べる街
・自宅で死ねる街、その日を迎える街

精神的な条件では、
・都市の中で孤独になりたくない、仲間が欲しい
・健康になりたい（誰も病気を望まない）
・若い人に負担をかけたくない
・植物、水、田畑など地球に負荷をかけないものは、人間にも良い環境である

人々に老後の心配は何かを尋ねると、まずは「健康」、2つ目に「経済的なもの」が挙がります。健康でかつ、年金にプラスαのお金があれば、子供たちに迷惑をかけずに過ご

こともできるし、旅行に行ったり趣味に使ったりできるという考えから、統計では高齢者の平均貯蓄額は2,250万円ほどとなっています。

　健康・経済の次の不安要素は、体が不自由になった時の「介護」の心配です。しかし、この不安は、時系列に置き換えると、最期の日が迫ってくる頃の出来事であり、健康やお金の問題より漠然としています。漠然としているが故の不安から、貯蓄を趣味などに充てることをためらい、本来大切にされるべき「時間の使い方」、それに加えて「どこに住むのか」に関しても意識が低くなっています。これらを踏まえると、高齢者の暮らしにおいて必要なものは、次の5つに集約されます。

　①健康　②経済　③ケアの保証
　④時間の過ごし方　⑤環境

　これからのシルバータウンでは、まず健康と経済的安定の観点から、住民が1日4時間働くことで「健康」を保ち「収入」を得ることを考えました。就労することで社会の一員としての存在意義を感じることができます。そして働くことは「時間」を有意義に過ごすことにつながります。また、シルバータウンは「学び」や「遊び」の環境と指導者を設けています。都心にはこのような施設が多く存在しますが、シルバーにはむしろコンパクトさが求められます。

　住まいという観点からも、老後に合った住環境が整えられます。人々は、体に良い、緑・空気・水のある環境を求めて郊外の自然の中で暮らします。住まう人の健康を考えて、温度や湿度に対して配慮された家づくりを行います。集合住宅が中心となりますが、戸建ても2～3割ほどつくります。戸建て住居に関しては、建物を100年にわたって長く使用でき、世代間で継承できる木造設計とします。代々同じ家に住み続けることを可能にするためには、住み手の感性やニーズに合わせて間取りを変化できる可変性が必要です。住人のライフスタイルに応じて自由に空間を仕切ることのできる、美しさを兼ね備えた木造住宅を提案していきます。

　高齢者＝バリアフリーやケアの効率化、といった従来の定義ではなく、シルバーにとって住みやすさを追求した住まいづくりを目指します。また、外部の総合病院や在宅介護支援センターと提携したクリニックを設置することで「ケア」のサポート体制を整えます。

Ⅲ　シルバータウンで電気をつくる
　　──100タウンに暮らす10万戸の人々

1 住まうことで健康と収入を得るまちづくり

　住むことで健康になり、収入を得ることのできるシルバータウン。それは1日4時間働くことで、年間160万円の収入を得ることができる街です。福島での原発事故がきっかけとなり、第3世代が太陽光発電による自然エネルギーづくりという労働の場を得ることができることに着目しています。シルバータウンに住めば太陽光発電という高齢者にもできる仕事に就くことができ、売電することで収入を得ることができます。また、そのエネルギーの源が太陽光であるということは、シルバータウン、そしてタウンでの暮らしが半永久的に続くことを意味します。

　そのような街が存在し、そこに「住宅を何千万円かで買うのではなく、100年の支払いで住人が変わりながら住み続ける」というように経済的負担がなく住めるとしたら、シルバータウンは人々の希望の街となることでしょう。

2 シルバータウン計画の概要

①シルバータウンへの投資

　シルバータウン計画は、1,000戸の集落として1タウンが成立し、最終的には全国に100カ所できると、総勢10万戸の人々がシルバータウンでの豊かな暮らしを営むと同時に、年間総発電量の1％のエネルギーづくりを達成するというものです。

　この計画に対する社会の理解を高めることがスタートラインとなります。例えば、シルバータウンのシナリオが、実在する「美奈宜の杜」をモデルに映像化されることでタウンのイメージを広域に伝えることができるかと思います。また早急にこの事業計画を進めるために、既存の開発地、例えばゴルフ場や、道路脇の集落の統合など、既存の状態に手を加えることでタウン建設場所としての立地を確保し、その際、私が設計した「浄水通りのまちづくり」を活かすことができればと思っています。

　基本は集合住宅とし、互いの集合住宅の建物距離＝間を開け、5～8階建て、15～25mの高さにすることで、周辺の自

浄水通りの街並み（5棟が当建築研究所の設計）。シルバータウンのイメージ

然と融合した住環境が生まれます。まずは「そこに住みたい」と人々が思える環境づくりが大切です。

　社会の気運が高まるよう、まずはモデルケースとして全国に5つのシルバータウンを完成させます。なお、タウン建設中にも、太陽光発電を行って収入実績をあげ、社会に「シルバータウンは現実のものだ」という実感を持ってもらいます。また、全国に2,000カ所ほどあると言われる過疎の町が、「自分たちの町をシルバータウンに」と手を挙げてくれれば、さらなるタウン開発の拡大が可能となり、広大な土地を要するタウン建設地や、太陽光発電場所となる耕作放棄地の確保も円滑に進められるようになります。老後を安心して豊かに過ごせる魅力ある街の実態を通して、シルバータウンは社会全体に広がりを見せます。このように、ミニマムな投資からスタートし、徐々に実績を積み重ね、方向性を社会に明確に示し、最終段階で一気にマキシマムな投資を実行します。

　シルバータウン建設は、これまで示されることのなかった超高齢社会における、第3世代を中心としたシルバーの生活の在り方を具現化する事業です。高齢者の生き方の提言としてだけでなく、高齢者人口の増加による年金などの社会保障問題を改善するとともに、1％分の燃料輸入費を節約することとなり、東日本大震災以降解決されていないエネルギー問題を解決する糸口にもなり得ます。その波及効果を考慮しても、公的資金を投入するに値する大規模公共事業であると言えます。太陽光発電により、まずは年間総発電量の1％の達成を目指します。現在の太陽光、風力、地熱などの自然エネルギー総発電量は全体の1.5％ほどなので、1％の達成とい

木造の300年住宅。外箱と内箱に分けている（特許取得済み）

うのは凄いことなのです。

②制度疲労

　今、先進国の中で、国家が発展するための原動力でもあった「制度」そのものが疲労し、国家の衰退が起こっています。政治、経済、法律が運用される中、一方で社会状況が変化していることで、それぞれの目的と実状との間にズレが生じ、またそれらが相互にうまく機能できていない状態に陥っているのです。バブル以後の20年、我が国の成長は停滞してしまいました。全国民が幸せを感じることのできる進歩的な状態に再び戻さなくてはなりません。

　先進国の中で公的債務の対GDP比率が最も高い我が国は、債務軽減のための対策を早急に必要としています。一般的には、①経済成長で借金を返済する、②デフォルトして負債を整理する、③インフレーションを起こす、の3つが考えられます。しかしデフォルトして負債を整理することは投資家＝国民の痛みを伴いますし、市場操作をしてインフレーションを起こしても、借金額が小さくなるのは表面上だけのことで、根本的な解決には至りません。

　政策がうまく行かず、経済成長が実現できなければ、さらに借金は増えることになります。今の停滞した経済状況においては、成長や景気回復を求めてアクセルを踏むよりも、これ以上の債務を増やさないようブレーキをかける策を講じるべきであると思います。

③具体的対応策

　そこで具体的な対応策として次の2つを提案したいと思い

ます。
　⑴シルバータウンでシルバー世代を雇用し、1日4時間働き収入を得ることのできる場を設け、社会保障を見直す。
　⑵農地を利用した循環型の太陽光発電事業を実行し、流れ出る外貨を止血する。

　既存の制度や法規制は簡単に変えられるものではないからこそ、エネルギー問題の解決が求められている今がそのチャンスなのです。国家が方向性を明確に示すことができれば、社会そのものを根本から変革できるのです。我が国の財産とも言える「水田」、そして「シルバーの労働力」をもって、制度を根本的に変えることができればと思います。その先には、革新的な社会、投資規模に準じた経済発展を実現できることでしょう。膨大な開発投資は国家予算を上回る額ですが、建設国債という循環型資金を投入することで、開発過程における波及効果を期待でき、国に資金が償還される仕組みが成立します。またエネルギー資源を持たない我が国は、外交においてこの部分を弱点としてきましたが、自国のエネルギー源を持つことができれば、その影響力は国内に留まらず諸外国との交渉においても、今後良いかたちで表れてくるでしょう。

　ここからは、対応策として提示した2点を具体化した「シルバータウン」計画について詳しく述べていきたいと思います。

3 シルバータウンの仕組みとお金の流れ

　まずは住民1戸当たりの視点から解説していきたいと思います。

①シルバータウン居住の仕組み
⑴開発資金の流れ

　モデルケースとして建設されたシルバータウンが社会に浸透すれば、開発発表と同時に住民が集まり、デベロッパーが参入しやすくなります。シルバータウン開発事業は、公募により選ばれたデベロッパーがそのタウンの企画・設計を行います。土地代、住戸や街の施設に関する建設費には、建設国債による資金が投入されます。

　開発スタート時に、まずデベロッパーが国から資金を調達し、タウン完成後にシルバータウンが発足すると、シルバータウンも国から資金を調達します。一旦、シルバータウンは

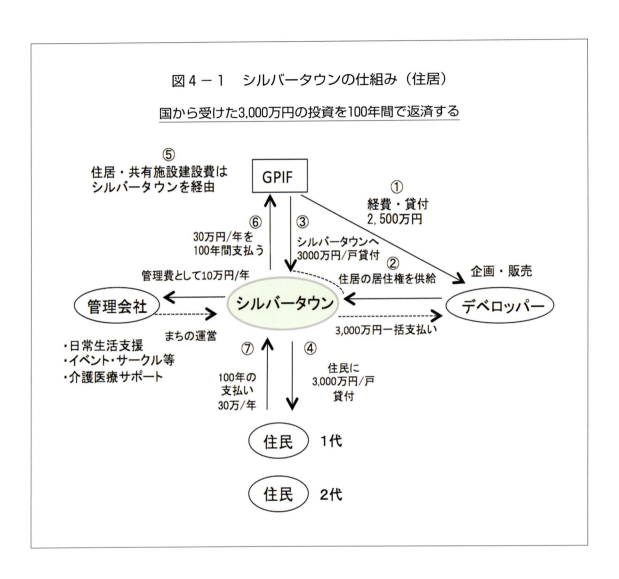

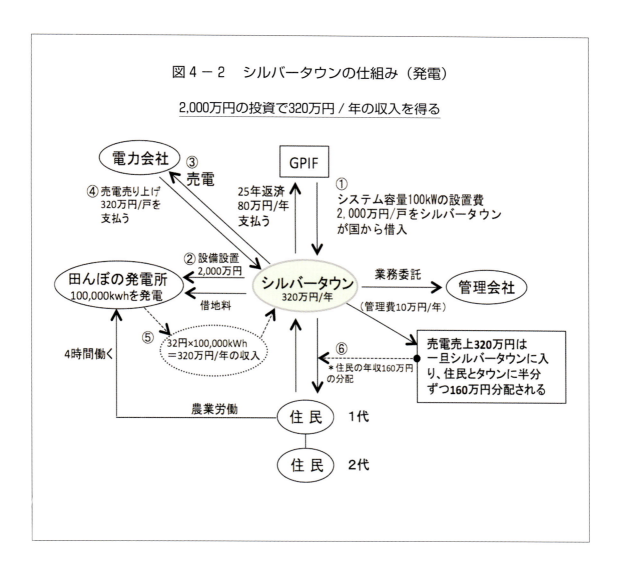

図4-2　シルバータウンの仕組み（発電）

デベロッパーに対して、これまでの開発にかかった総費用を支払います（図4−1）。

(2) 居住利用権とその支払い

住民はシルバータウンから、3,000万円の居住利用権を購入することによって、タウンに住むことができます。

その費用の内訳としては、建築費が1,700万円、土地費・造成費・上下水道などの設備費・環境費・その他経費が1,300万円です。しかし3,000万円となると、住宅を購入する費用とさほど変わらなくなってしまうので、住民に負担がかからないよう工夫をしています。それは、費用を100年間で支払うという方法です。年間の支払い額は30万円、ひと月2万5,000円になります。この「100年の支払い」というのは、1つの住戸に対しての入居者は変わってきますが、その複数人で3,000万円の利用権を100年かけて返済するというものです。別途管理費と合わせて月々4万円ほどをシルバータウンに支払っていけば、タウンに居住することができる仕組みです。

さらに住民が支払いを心配することがないように、太陽光発電に従事することで年間160万円の収入を得られるようにします（図4−2）。このように働くことのできる環境づくりを実現することに、シルバータウンの重要な役割があります。

(3) シルバータウンを介して国に償還される住居・共有施設建設費

シルバー世代の自立と豊かな暮らしを目的とした事業開発資金は、移り変わる住民を管理しているシルバータウンを介して100年をかけてゆっくりと国に戻っていくことになります（図4−1縦中央部）。また、この4万円の居住利用料の支払いの元となるのは電気エネルギーの売電収入によるもの、つまり電気料そのものです。売電した電力は国民が使用し、電気料として社会全体が「公平」に負担することにより、建設国債で投資を行った国に資金が100年をかけて償還される仕組みとなっています。

(4) 就労年数に応じた保障

住民収入の公平を保つため、労働が不可能となったと後の収入は、働いた年数に応じて支払われることとしています。

・5年以上→50万円
・10年以上→80万円
・15年以上→100万円

例えば、5年働いた場合、その間の5年間は年間160万円が支払われますが、それ以降、最期の日を迎えるまでの期間は年間50万円が支給されるものとします。働くことができなくなっても、タウンに居住する権利を得ている間は、住民は年間50万円の収入を得ることができます。

(5)入居資格

　タウンへの入居ができるのは、60歳以上の高齢者とし、居住の利用権利は一代限りとします。なお、世帯主の夫の死後、居住権利は妻までとし、収入も受け継ぎます。

②タウン運営と太陽光発電事業

　タウンおよび太陽光発電事業の運営は、シルバータウンから公募で選ばれた管理会社に1戸当たり年間10万円で委託されます。運営の内容は、住民サービスの窓口としての総合管理施設やクリニックの運営、学びと遊びのための文化的な教室やイベントの開催、街の景観管理や清掃、太陽光発電に関する事業全般など総合的なものとなります。クリニックは総合病院や在宅介護支援センターと提携することで住民の暮らしをサポートします（図4-1、図4-2の管理会社）。

(6)太陽光発電設備

　シルバータウンの太陽光発電は、移動ポリタンク式を採用します。移動ポリタンク式は、ポリタンク8個を基礎として、その上に太陽電池モジュールを載せます。

　1反の田んぼの半分でポリタンク式太陽光発電を行い、残りの半分で農業をします。1住戸当たり2反の田んぼを使います。3年ごとに発電と農業の土地を交代させて、土地が痩せないようにします。ポリタンクの水は田んぼや畑に流すこ

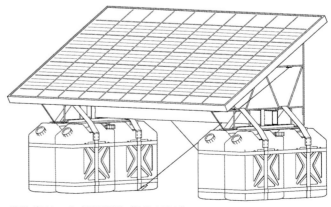

移動ポリタンク式発電設備（特許申請中）

図5 農業・発電エリアの交代

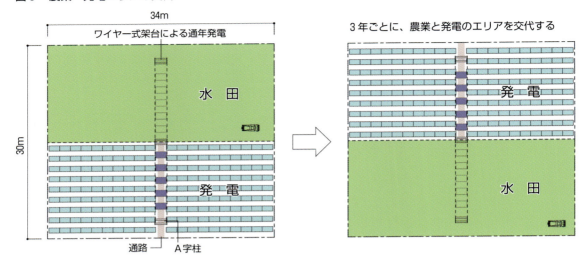

とができるので、簡便に移動させることができます。

　太陽光発電に関する設備費は、既存の太陽光発電を参考にすると、100kWh当たりの発電設備投資額を26.2万円なので、10万kWhの発電にかかる発電設備費は約2,600万円となります。国の政策としての資金圧縮を考慮して、1戸当たりの設備費を2,000万円と見積もります。タウン建設と同じく建設国債より資金調達され、売電した電力は国民が使用し、電気料として社会全体が公平に負担します。なお、「住居・共有施設建設費」に関しては、その返済期間を100年としていますが、太陽光発電設備ついては、25年の償却とします（図4－2上部）。

(7)発電場所

　この計画では全国に存在する耕作放棄地の5％に当たる2万町の耕作放棄地を利用して太陽光発電を行います。なお、基本的に耕作放棄地を利用しますが、シルバータウンの近くに耕作放棄地が十分にないことが予想されるますので、前述の移動ポリタンク式太陽光発電を採用して、通常の農地も使って発電と農業を同時に行います。また、一部はワイヤー式架台を使い、パネルの下で個人の能力に応じて農作物（米・野菜・花卉など）をつくります。

(8)売電売上

　住民によって生産された電気エネルギーの売電価格は、1戸につき320万円となる仕組みです。この売上は一旦全額シルバータウンに入ります。そこからまずは半分の160万円が住民への報酬として分配され、残りの160万円がシルバータ

ウンに入ります。シルバータウンは、発電設備費の国への償還費2,000万円÷25年＝80万円、管理会社への委託費年間10万円、地権者への地代年間10万円などの必要経費を支払い、残高は積立金として、働くことができなくなった住民が出た場合、その労働力をタウン外部から補うための人件費や改修費などに当てられます（図4-2）。

④ 年間総発電量の1％を達成するためには

① 1タウン事業運営

年間総発電量の1％のエネルギーをつくるために、どのようなものがどれくらい必要になるのかを、前述の1戸当たりの単位を基準として、1タウンという規模に拡大し、解説していきたいと思います。目標としては、現状日本の年間総発電量は約9,000億kWhなので、1％の達成では90億kWh相当の発電量の創出を目指すことになります。

(1) 1タウン管理面積および発電量

既存の遊休地での太陽光発電を参考にすると、210坪の面積で約5万kWhの発電ができるので、関連装置設置スペースの確保を考慮し、300坪＝1反当たりで5万kWhの発電量を持つとします。

160万円の住民収入から逆算し、1戸につき2反の太陽光発電面積を管理するとすれば、1戸当たり年間10万kWhの発電量を管理することになります。

また、1つのシルバータウンの規模を1,000戸とした場合、1タウンの管理面積は2反の1,000倍の2,000反＝200町、年間発電量は10万kWhの1,000倍で1億kWhになります。

(2) 1タウン開発費用

・太陽光発電設備費

　1戸当たりの設備費を2,000万円と見積もると、1タウン（1,000戸）で200億円の投資となります。

・住居・共有施設建設費

　1住戸当たりの設備費を3,000万円と見積もると、1タウン（1,000戸）で300億円の投資となります。

・1タウン合計

　太陽光200億円と住宅300億円の合計で500億円となります。

(3) 1タウン売電収入

前頁の(8)売電売上を参照。なお、分配前の1タウン当たりの売電売上は32億円となります。

②全国100タウン事業運営

次に、シルバータウン建設を全国100カ所に広げたとします。1タウンの年間発電量は、先に1億kWhとしましたので、100タウンの年間発電量は100億kWhになります。

年間総発電量の1％は90億kWhなので、この100億kWhは目標値を超えています。したがってシルバータウンが100カ所できれば、発電量の1％を達成することができます（数字上では年間総発電量の1％＝90億kWhなので、タウン数を100とするならば、1タウン当たりが9,000万kWhを発電すればよい）。さらには100タウン10万戸の売電収入は3,200億円となり、全国に10万人以上の雇用を創出します。

シルバー世代が年間総発電量の1％の創出を達成すると、次の世代も老後のイメージが定まります。第3世代が中心となり、定年後にも働くことで国の経済を助けているという実例は、若い人たちからの信頼を呼び、世代間の共感が生まれます。シルバータウンに暮らすと、いかに生きていくか、生き甲斐をどこに見つけるかがわかるようになり、互恵で人と人とが結ばれて街が出来上がっていきます。収入を得ることのできるシルバータウンの存在意義は重要なものです。私は、このシルバータウンの取り組みを、段階的に実行することを提案したいと思います。その過程において日本が互恵主義でまとまっていくことになります。

③シルバータウンのお金の流れ

シルバータウンの住民は、住居（1戸当たり3,000万円）と太陽光発電設備（1戸当たり2,000万円）の建設費、計5,000万円をGPIFからの融資で賄い、

(1)シルバータウン（住宅）の建設費

1戸当たり3,000万円×1,000戸＝300億円×100タウン＝3兆円

(2)シルバータウンの太陽光発電設備の建設費

1戸当たり2,000万円×1,000戸＝200億円×100タウン＝2兆円

(3)タウンの太陽光発電による収入（1年間）

1戸当たり320万円（＝1kWh当たり32円×発電量10万kWh）×1,000戸＝32億円×100タウン＝3200億円

(4)1戸当たりの収支（1年間）

収入： 320万円

支出：設備費返済	80万円
（80万円／年 ×25年返済＝2,000万円）	
発電設備の維持管理費	10万円
街の管理費	10万円
地代	10万円
<mark>居住者支給額</mark>	<mark>160万円</mark>
支出計	270万円

収支：50万円（320万円－270万円）

※この50万円からGPIFへ運用益として4万円を支払う。

5 「働・学・遊」の考え方

①「働」について

「美奈宜の杜」での「労働」は、食べるものをつくる＝農業を意味し、米・野菜・味噌といった食糧の自給自足を目的としていました。その「働」が「農」であれば、自分の食べ物となり、またこれも経済と言えます。

しかし近年では、少子高齢化社会となったことによる、日本の社会保障の図式崩壊が現実のものとなろうとしており、さらには福島での原発事故以降、自然エネルギーへの転換の必要性が唱えられるようになりました。これらを契機とし、シルバータウンに住み、その生活圏内の耕作放棄地や田畑などの農地を利用して年間総発電量の1％をつくり出すことを目標に、太陽光発電による自然エネルギーづくりを行うことを提案します。本計画でのシルバータウンにおける労働とは、農業とエネルギーをつくること＝エネルギー産業を意味します。

住民の就業場所はタウン内もしくはタウン近隣の耕作放棄地や農地となります。そこで太陽光パネルの設置、発電力が減退しないための定期点検や測定結果のデータ管理、パネルの掃除、雑草除去などのメンテナンスを行います。電気に関する基礎・専門知識や蓄電するための知識の習得を必要とするため、住民は運営企業によって準備された、講習および現場実習のプログラムを受講します。太陽光発電設備は工業製品であり、メンテナンスをしながら長く使っていくものです。故障の発見を遅らせることのないよう、定期点検業務が中心となります。1世帯当たり、農業は1反、太陽光発電が1反の割合になります。

働くことにより人は収入を得ることができ、また、ものを

深く知り、日常を工夫するようになります。現役時代の半分の4時間働くことで健康を保ち、収入を得ることができるのです。今後、国家の財政不安により仮に年金給付が行き渡らない状況になった時、それに匹敵する収入を得ることが可能となります。働くことで収入を得、かつ健康であることにより、老齢基礎年金を返納することができ、社会保障費を節約することにもつながるのです。

「働く」ということが、全てにおいて基本となる健康の源であるという概念は今も昔も変わることはありません。第3世代が「働く」ということは、健康と経済的安定をもたらすと同時に、有意義な時間の使い方ができるようになります。つまり、安心した老後を暮らす上で大切な「経済」「健康」「時間の過ごし方」を満たすことになります。さらには、社会に貢献しているという自らの存在意義を感じ、精神的な充実をもたらすことにも「働く」ことの重要性が見受けられます。

②「学」について

シルバータウンでは、定年後の健康な生活を送るに当たり、「働・学・遊」のコンセプトを掲げています。「働」は健康と経済的な要素を満たすものとなりますが、それだけでは十分であるとは言えません。人間のさらなる成長のために「学び」を取り入れます。

「学」とは何か。ユネスコ21世紀教育国際委員会報告書『学習——秘められた宝』では、下記のように提言されています。

①知ることを学ぶ（learning to know）
②為すことを学ぶ（learning to do）
③共に生きることを学ぶ（learning to live together）
④人間として生きることを学ぶ（learning to be）

「善い人になる」——これが学ぶことの最終目的であると思います。「素直になる」——今を大切にし、自己を知的に向上させながらも、その一方で自己を知ることで世界と共鳴していくプロセスが「学ぶ」ということなのです。松下幸之助の好きなことばも「素直」でした。他者、他物になりきり、人の話に耳を傾けるということが素直の根底にはあります。わかったと思ってそこで終わるのではなく、常に学び続けていくことが重要です。「学」は永遠に続いていきます。

そして、「知る」「深める」「幅が広がる」。その課程におい

て学ぶことの楽しさが生まれます。このように「学」は「遊」へとつながるのです。学ぶということは教養・知識に留まりません。また、底辺を長く、高さをより高くすることで三角形の面積全体も大きくできるように、底辺にある教養の部分の土台が大きければ、そこから上へ伸ばすことも、下へ掘り下げることもでき、学びの幅は広がっていくのです。

　評論家の草柳大蔵は、著書の中で「人生に五計あり」とし、5つの計（生計、家計、身計、老計、死計）の中の「老計」について、美しく老いるためには、美しい雰囲気が必要であるとしています。

　「顔に光を持ち、目に色を湛え、唇に詩を乗せ、背筋に流れがあり、足許に清風が立つ。颯爽や新鮮とも違う」
学ぶことによって、この美しい雰囲気が漂うようになるのです。

　また、タウンでは第3世代が今まで培ってきた社会経験を活かし、有識者としてそれを必要とする他者に還元し、さらに発展させていきます。自らが人に教え、人に学びます。相手の立場や言っていることに耳を傾け、知ろうとする行為から、相手のことがわかり、こちらのことも伝えることができます。お互いの立場がわかって歩みより、目的や目標が達成されるのです。

　先に示した「和田レポート」は、第3世代の精神的な哲学として書かれたと同時に、シルバーをより深く知るためのものでもあります。

③「遊」の本『風流暮らし──花と器』

　里山での週末の暮らしを7年間続け、その生活風景を綴ったのが拙著『風流暮らし──花と器』です。友人知人約200人に郵送しました。そのうち、約半数の方から手紙やメール、電話などでお返事を頂きました。反響の大きさに驚いています。

　この里山での生活は、リタイア後の生活の指針のひとつである「遊」の実践の場でもありました。「自然の中で美しく暮らしたい」昔からいわれる晴耕雨読とは本質的に異なり、清貧の教えでもないし、悠々自適を意味するものでもありません。日頃の生活の中に「美」を取り入れた生活、柳宗悦が説く「用の美」を愉しむとでもいえば近いかもしれません。生活に深みを実感できるのです。何でもない日本の何処にでもある里山の四季、稲の緑などを写真に切り取ると、やはり

脊振山と金山の間にある鬼ケ鼻岩にて。ここからの眺望は見事で、福岡を一望できる（左写真の左端が著者）

里山の田舎は美しいと思います。

『風流暮らし』では里山での暮らしを、写真を中心にまとめています。「遊」を文章で伝えるのはなかなか難しいので、まずは写真を主としたこの本を出版しました。羨ましい生活だとよく言われますが、私は里山での暮らしを実践の場として考えています。遊びにもガイドが必要です。例えば、登山を始めようとする時、いきなり登るのは危険ですし、不安になります。そんな時、山を知る人に付いて登れば安心して経験を積むことができます。それと一緒です。また『風流暮らし』では生け花を紹介していますが、生け花を愉しむためには事前の段取りや稽古が必要です。その学習が「学」につながっていくのです。

私が週末を過ごしている佐賀県三瀬村の井手野の集落は27世帯です。住民は農業と林業に携わっています。しかし高齢者が多く、後期高齢者の村でもあります。農業をしている人は80歳代が最も多く、この方々が1世帯4町歩もの田を耕し、稲作をしています。その土地に合った稲作ができるよう、お互いが元気なうちに作業を学ぶことから始まります。実際に手伝いをすることから生きた学習ができるのです。水の管理、田植えや稲刈り、機械の操作、日常の手入れなど。このように3年ほど続けることで概ね学習できるのです。何よりも実学が中心となります。このような体験と準備があれば、シルバータウンでの生活をさらに愉しむことができるのです。

このように『風流暮らし』は、「遊」を体現しています。誰もが羨む、自然の中の幸せな暮らしです。まずは実体験を伝え、国や国民の気持ちの在り方を変えることが肝要と考え、この本を出版したのです。

④「遊びながら学ぶ」を実践した灘校・橋本武先生の教え

教科書は薄い文庫本1冊。進学校の私立灘中・高校で、その1冊の本を3年間かけて読み込み、生徒が自ら学ぶ力を育むという伝説の国語の授業を実践した先生がいます。その人の名は橋本武先生。使っていた教科書は、中勘助著の『銀の匙』。その授業方針は、文中に出てくるひとつの言葉から、その成り立ちや関連語へと派生したり、また、主人公が駄菓子を食べるシーンがあれば、教室でそれと同じものを配り、凧揚げをすれば、凧づくりから生徒たちに取り組ませるというものでした。そこには、自分で体感し発見したことには自然と興味を持ち、楽しみながら学んでいる生徒たちの姿がありました。橋本先生は、遊びながら学べば、生徒は学ぶことを好きになるということを知っていたのです。『銀の匙』授業は、傍観するのではなく、入り込んで一緒にやっていく授業でした。

　このように、興味を持ったことをきっかけに気持ちを起こしていって、自らで掘り下げていく過程には楽しさがあり、それはまさに遊ぶ感覚であり、遊ぶと学ぶは同じであるということを体現しています。

　生前の橋本先生のことばに次のようなものがあります。
　「自分がやりたいことをやる、ということが大切。自分が好きなことをどんどんやりなさい」

6 シルバーにとってのハッピーランド

①シルバータウンが社会のコモンズとなる日

　シルバータウンの位置づけが「コモンズ」となる日が実現できればと思います。人間としてお互いが助け合う「互恵主義」の街、「働・学・遊」のまちづくり、それは現代の都市にとってのコモンズとなるでしょう。

　中世ゲルマン社会には、封建領主や大地主の支配権も及ばないコモンズと呼ばれる土地が各地に多数残っていました。コモンズとは、コミュニティ＝共同体社会の成員の誰もが使用できる共有の牧草地でした。コミュニティ構成員全体の利と、長期的な牧草の供給確保のため、その将来も考えながら全員で使うことがコモンズのルールとなって自然に定着しました。より豊かな社会をつくり上げるための最も基本的な条件のひとつは、個人レベルの豊かさのみを追求するのではなく、コモンズのように共通の空間や時間を、お互いの立場を思いやりながら培っていく精神であるといえます。人間社会を支える普遍的なルールは「思いやり」と「助け合い」、つ

まり「友愛と互恵」の精神なのです。その原点から考えれば、「互恵」を精神的主軸とした超高齢時代におけるシルバータウンは、まちづくりのモデルとなることでしょう。

シルバータウンは、人口の膨れ上がった都市と郊外のバランスを保つため、都市の共有地として位置づけられます。そのタウンは、シルバー世代の住まいとなり、また働いて健康になる場所であり、自然エネルギーをつくることで収入を得ることのできる街です。人々がその日を迎える準備を行う街として、社会に役立つまちづくりとなるはずです。誰かの世話になることなく皆で助け合い、人の運命を受け入れる街。シルバータウンを人生の集大成の街として位置づけ、都市にとって必要なコモンズ＝共有の場所となることを目指します。

姨捨山や「楢山節考」は、家族に迷惑がかからないようにする人減らしの話ですが、親の愛情や先人の知恵の大事さを説く話でもあります。いかに生きていくか、生き甲斐をどこに見つけるか、これらの問いに答えるシルバータウンの存在が、次の世代にも安心感を与えます。

シルバータウンでは、高齢者の知恵や労働も社会全体の共有財産と位置づけます。「自然の中で暮らし、働き、学び、遊ぶことができるコモンズがそこにある」。都市においてシルバータウンづくりは、単なるケア施設をつくること以上に必要となるでしょう。これからの社会の構造において見えてくるシルバータウンは、まさに現代の「コモンズ」なのです。

若い世代に仕事を譲り、のんびりと楽しく過ごすことができる街。

働くことが直接福祉につながる街。

そしてシルバータウンが楽しい輝ける街となり、そこでシルバー自身が、病気にならない、ケアを必要としない、生活保護を受けない生活を送ることが、社会が求める福祉につながります。そこでの暮らしそのものから、人との互恵による「互いを信じる」という生き方を学び、次世代の若い人たちに深い影響を与えていきます。子供たちが親に会いに来る、孫たちが遊びに来る、友人が尋ねてくる生活は、最高に幸福なものとなるでしょう。

②都市の近くにつくる憧れのシルバータウン

人々に定年後、どこで過ごしたいかを尋ねると、その意見は、都心と田舎、ちょうど半々に分かれます。都心のケア施設などは身体の自由が利かなくなった後のケアを中心として

いますが、ケアを必要としない健康な身体づくりのできる環境こそ重要であるという考えに基づいているのが、郊外のシルバータウンでの暮らしです。医療費や介護費の一部を国家が保障することが社会保障の概念のようになっていますが、その前の段階の、病気にならない、ケアを必要としない、シルバーが自立した生活を送れるように促すことこそが、本来の福祉の在り方ではないかと思うのです。まずは人々が健康に暮らすことのできる条件・環境を整えて受け皿をつくることで、そこに人々が集まり、街が形成されていきます。

　暮らしやすい街には、さらに人やものが集まります。そこに集まる人々が街を発展させていくのです。1,000戸が集まれば、生活に必要な機能、設備が整い、街が誕生します。また夫婦2人であれば、2,000人が移動することになります。しかし「みんなで暮らす街」「長く住める街」でなければ人は動きません。そこに仲間がいて、生活に密着した利便性、文化、教養があって初めて人が動き、都市の機能がシルバータウンへ移っていくのです。それらの条件が満たされ、人々がそこで住み始めると、そのうちに必要とされる機能と無駄なものとが選別され、次は独自性を持ったコンビニエンス機能が生まれ、1つの街として成熟していきます。

　都心には、生活に密着したものから文化や娯楽までさまざまな施設が整っていますが、シルバーにとって必要なのはむしろコンパクトさです。現代は、航空や鉄道、高速道路など交通網は発達しており、郊外が都心に整合していくのは難しいことではありません。このように郊外型の「シルバータウン」は、都市部の衛星的な役割を持ちます。歴史を振り返ってみると、産業革命時のイギリスは雇用の場である都市に人口が集中し、さまざまな弊害を抱えていました。近代都市計画の先駆者であるエベネザー・ハワードは、このような状況を危惧し、職住近接型の緑豊かな街を都市周辺に建設する「田園都市」構想を提起しました。当初は夢物語として扱われましたが、ハワードは実際に着工、住民を集め運営を軌道に乗せました。今回提案するシルバータウンも、住居と職場とを同じ場所につくり、郊外への人の流れを促します。

　また、そこに暮らすそれぞれが培ってきた社会での経験や知識を、必要とする他者に還元し継承することで、文化が育まれます。自然がもたらす土・水・空気・緑など良い環境は、健康づくりにも良いとされており、そこでは心身ともに健やかに暮らすことができるのです。

人々が行き交うシルバータウンは限界集落にはならず、風土に見合った文化を形成し、個性的な街として発展します。人が暮らし、交流することが大事です。そして全国的にタウンが形成されることで、街同士が互いに相乗効果を発揮し、ネットワークを形成していきます。タウン間の横のつながりは街の外部との接点となり、住人に人間としての成長をもたらすでしょう。

　個が社会に埋没してしまう時代、シルバータウンには、シルバー層だけでコミュニティを形成するのではなく、世代間の交流を可能にする役割が求められています。また、住む人一代限りの使いきりの街ではく、100年かけて次の、そしてまた次の世代へと継承され、世代間で利用できる現代のコモンズにならなくてはなりません。

　週末に子供や孫たちが訪れたり、必要に応じて都心に出かけたりと、都市とシルバータウンは互いに働きかけます。物理的にはもちろん、精神的にもリンクするのです。

　また、精神的豊かさと経済的豊かさを持ち合わせたタウンの構造の中でもうひとつ重要なことは、定年後も働いて収入を得、住居・共有施設の使用対価の支払いをすることで、開発時に建設国債の発行によって資金調達された資金は国に償還されていくということです。この街を繰り返し使って、建設に要した費用を無利子で100年かけて返済していきたいと考えています。赤字国債では投資した資金は戻りませんが、建設国債で投資するのであれば100年で元金を戻すことができます。現在の建設国債は60年経つと元金が戻る仕組みです。これを100年で戻していきます。返済期間100年は長いですが、ゆっくりと返済することが、国民や日本経済にとって赤字国債の発行よりも良いことであると考えます。なお、太陽光設備に関しても、投資された資金は25年でタウンから国へ戻されます。共同体を介して国民と国との結びつきを形成していくことも、シルバータウンの役割です。

③第3世代の暮らしと社会における立場
　──東日本大震災での被災者の姿が世界へ伝えたもの

　シルバータウンでの暮らしは、「働・学・遊」のコンセプトのもとに成り立っていますが、精神的なところでは、互いに助け合うということが重要であるとし、「互恵主義」が中心となっています。第3世代が経験してきた伝統的な日本人の暮らし、姿勢そのものが哲学となり、その心は子供や孫た

ちといった次世代にも伝わり継承されていきます。

　現代社会は何事においてもボーダレスであり、その時々の瞬間の出来事が政治に大きく影響します。世界的には今、中国やアメリカが世界を動かす鍵を握っています。世界のバランスの指標として為替が存在し経済の均衡を図るように、自国の精神の均衡化が求められています。例えば、ボーダレスな時代、世界を股に掛けて活躍する人が国籍を保持することで、どこにいようとも自分自身という存在意義や民族性を感じるように、国民が共通の哲学をもって平和を願えば国の求心力は高まるのです。

　シルバータウンの住人の中心となる第３世代は「友愛と互恵」の精神を持って暮らしていきます。東日本大震災後、被災者および国民は「絆」を合い言葉に復興を目指してきました。苦難の状況下においても、人や店を襲わない治安の良い街としての日本、その日本人としては当たり前の姿が世界中で感動を呼んだように、常の暮らしを通してこそ伝わるものがあります。今後は第３世代の暮らし方を通して、世界が認める日本の立場が形成されてゆくのです。諸外国は日本に対して、外交における国家間のクッションのような緩和役とい

三瀬山荘　花活の会

う認識を持っています。つまり、世界の平和を維持することができるのが我が国である、といえるのではないでしょうか。

衛星都市のシルバータウンでは友愛と互恵の精神を主軸に、

「働く」──働くことで健康になり自立します。

「学ぶ」──自然や歴史から学ぶことで人として成長します。

「遊ぶ」──高みを目指して学を具現化します。

私にとっての「遊」は生け花です。自然に学び、自然に遊ぶことが、穏やかな暮らしにつながります。そこにある暮らしに「美」が介在することで文化が深まり、街が美しさを備え、それが景色となります。地中海のように古い都市や建物を美しく整えることに暮らしの美があります。そして、美は暮らしの真価を深めます。

「暮らし」そのものが何であるかが問われています。

7 福祉を受ける側から「自立して働く」への変化

1,000戸から構成される1シルバータウンでの暮らし方が、3,000万人のシルバーに影響を与え、大きな流れとなるでしょう。3,000万人のシルバーと社会の関係を考えた時、増え続けるシルバーたちが平和に暮らすためには、治安や秩序が保たれた「国家」の安定が前提として不可欠です。国が乱れてしまえば、「個人」の幸せは得られません。ゆえに、高齢化問題を国家における課題として捉えることが必須となります。ここではシルバーの生き方の中心に、互恵主義を置いています。互恵主義は、お互いの心をつなぐ求心力となります。個人の救済を求めるキリスト教や仏教といった宗教とは異なる視点です。

超高齢社会になった現代において、3,000万人を養う国の決心が伝わってきません。そして、もし食糧やエネルギーの輸入による貿易赤字が今後も続くようであれば、諸外国に対する日本の力を弱めることになります。赤字国債が発行できなくなるということ、それは、国が国民に対し、年金、医療保険を給付できなくなることを意味します。そうなれば国民の国に対する信頼は失われ、求心力の低下は必然のものとなり、国内の基盤も揺らいでしまいます。

それでは、この国の求心力の源ともいえる年金や保険が機能しなくなってしまう前に何をすべきなのか。その答えとなるのが「働く」ということです。知恵を使い働くことです。シルバーたちが福祉を受けるだけの立場から、自主的な

「働」の営みを行う側へと変化する必要があります。

　労働と資本主義の関係において、マックス・ウェーバーは「エートス（行動様式）の変換こそが資本主義をつくる」と唱えましたが、エートス（行動様式）の変換とは、単に外面の行動の変化だけを指すものではなく、思想や信念といった内面的なものの変化も含みます。例えばシルバータウンでは4時間の労働を行うことで収入を得ることができ、経済的な安定が生まれると心に余裕が生まれます。そこから互恵主義の生き方をするようになると、行動そのものも変わってきます。この変化を起こす場として位置づけているのが、すでに実在する「美奈宜の杜」を現代的に進化させた「シルバータウン」です。実在する街から、今、求められるシルバーの暮らしの在り方がわかりやすく伝わればと思います。3,000万人のシルバー人口への対応を、国家財政の中の「シルバー会計」として位置づけ、今日本が抱える問題に対処していきます。

8 シルバータウンから始まる、原子力に替わる20％のエネルギーづくり

　第3世代は、活動的に働くことができる人たちです。戦後の日本の成長を知る彼らが、社会を変える役割を担います。65歳以上の高齢者3,000万人のひとりひとりの倫理や意見は、選挙での投票というかたちで国を動かしていくこともできますが、これからは「実際の行動」として、1,000人以上が集まってひとつのタウンをつくり、全国100のタウンになっていく過程の中で社会に働きかけをしていきます。

　65〜75歳はリタイアしてもなお予備の力として存在し、現役社会に復帰することが求められています。シルバーの雇用が発生し、彼らは現役として活躍します。政府は国が向かうべき方向性を明確に示した上で、考える知恵を持つものとして、その時々の重要な政策に対する3,000万人の意見に耳を傾けます。国の根幹がどうあるべきかを、有権者みなで導き出す政治を今後は行っていくべきであると思います。

　現在、「美奈宜の杜」には、そのまちづくりの理念に賛同した人々が全国から集まり住んでいます。当時も今も、私のまちづくりにおける理念は変わりません。今日まで、高齢社会において望ましいインフラを整備したコミュニティづくりが推進されていません。要ケア期間ではなく、健康で生活する期間に重点を移し、人間としての成長と尊厳を大切にする

社会構造の構築を目指したいと考えています。

国の危機は、国民である私たちの生活に直結しています。国債の累積赤字は増える一方ですが、このような状況を続けていくわけにはいきません。危機の度合いは大きいですが、できることから対策を始めることが大切です。まずはシルバータウンでの第3世代の労働により、年間総発電量の1％のエネルギーづくりを太陽光発電で行うことに始まります。

これまで、国力は教育にあるとされていました。教育によって次世代が育ち、歴史に学んで正しい行動を起こせる人間になるのです。近年は、問題を見つけ共有し、どう解決していくかを「考える力」が育っていないように思います。「創造力」の低下です。

福島の原発事故が契機となり、自然エネルギーへの転換が求められ、注目されるようになりました。しかし現状は、電力会社は国に対して原子力発電所を再起動させるよう働きかけており、世論は原発再起動と原発ゼロの両意見の綱引き状態で、政策は一向に前に進んでいません。

本書では、太陽光発電により総発電量の20％をつくる計画を提案しています。まずは最初の第一歩として、原子力による発電がゼロであっても、原子力によって生産されていたのと同じぐらいのエネルギーをつくる策は他にある、という仮説を立てることに始まります。仮説を立て、どうすれば解決できるのかとアプローチしていくことが大切です。「考えること＝創造力」がすべての基本となります。イマジネーションを繰り返すことで、問題の解決策として実現可能なモデルが誕生します。

これは、
①イメージする
②資料を集める
③実行する
④反省する
⑤ファイル化する

という、私の仕事の流儀、生き方そのものです。

初めに問題解決のイメージがあって、それが淘汰されることによって効果が正しく生まれ、その効果を皆に知らせることによって、賛同があり協力体制が形成されます。トヨタや日産が戦後、世界に冠たる企業になったのも、問題を提起し、社員や関係者の意見を取り入れて少しずつ改善してきたことにあります。戦後、自動車工業がものづくり、そして産業経

済の主役になった勝因はここにあります。

　「美奈宜の杜」でも、住人の声を聞き、さらに住み心地が良くなるように多くの企業や関係者の力を借りて改善を繰り返してきました。その実績、自分自身の里山での暮らしの体験があるからこそ、１％のエネルギーをつくるシルバータウン構想は、国が抱える問題解決の糸口になり、国の示す方向性の始点となると信じています。

第6章で伝えたいこと

　年をとってからどのように暮らすのか。
　その回答は、自然の中で暮らし、そこで働き、遊びの中から学ぶ——つまり「働・学・遊」の考えに基づく生活であり、それを実現できるまちづくりが必要です。目標とする規模は、1タウン1,000戸で国内100カ所、合計10万戸です。そのモデルとして、福岡県の朝倉市に1,000戸のシルバータウン「美奈宜の杜」が実在しています。
　シルバータウンの住宅も100年を単位とした建物です。この建設費を100年かけて支払います。
　住んで、働いて、320万円の売電収入を得て、暮らしの保全ができる街です。売電収入320万円の半分の160万円はシルバータウンの収入で、残りの160万円はタウンの住民の収入になります。収入の源泉は、タウンに併設する1住戸当たり100kWの太陽光発電設備です。住民は、太陽光発電設備のメンテナンスなどを行いながら収入を得るのです。
　シルバータウンの大きな特徴は、住むことでお金が入るということです。年をとり、生きるためには、まず健康とお金が重要です。そして美しく生きるためには、美しい環境が必要です。若い人がいつかは住んでみたいと思えるような「遊び」と「学び」ができる街をつくります。まずシルバーが幸せになれば、周りも幸せになります。
　シルバータウンは、都市にとっての「共有地」として存在します。牧草地や山林における「入会地」的な考え方です。
　シルバータウンをつくることは、人生の幸せとは何か、年金やケアの心配もなく暮らすにはどうすればいいか、という問いへの答えとなるまちづくりです。

あ と が き

　本書の「3つの用意」は、まだ現実には存在しません。これらの「用意」は、日本の経済が破綻した時の対策です。しかし、「3つの用意」の土台となっている技術及び建物やタウンは、既に具体的に実施しているものです。その成果を踏まえ、新たな提案へと発展させています。

　今の日本では、「赤字国債」「原発」「少子高齢化」と、どれをとっても解決策はなく、手を付けられない大きな課題として積み残されています。「私たちの時代は良かったが、次の世代は大変だね」と言い放つ高齢者もいます。これは無責任な発言です。未来を案ずる気持ちがあれば、自分たちが今何とかしなければならないと考えるはずです。本書を読んでくださった方が、何かを感じてくれることを期待しています。

　本来、この「3つの用意」の原案である「300年住宅」「シルバータウン」「田んぼの発電所」は、それぞれ別のものであり、ひとつずつ生まれてきたものです。一見無関係に思われたこれらのものが、考えを詰めていく中でひとつにつながりました。

　原発の替わりに田んぼで電気をつくると、農家が豊かになり、農村に人が戻り、人口も増加します。10年以上、週末に里山で暮らし、農家の生活に触れる中で、何とかしなければと強く思ってきました。歳をとったら花でも活けてのんびり暮らしたいと考えていましたが、福島の原発事故が起き、小泉元総理の「脱原発」発言がありました。私の本音は、小泉さんの「脱原発」発言に答えたいということです。この小泉発言をきっかけに、原発をはじめ、多くの日本の問題について、自分自身に問いかけるようになりました。

　私は、「3つの用意」のための資金をどこから出すのが一番良いかを考え続けてきました。銀行は農家には農機具の購入費以上のお金は貸しません。そこで、建設国債を発行して資金を調達し、それを使ってGPIF（年金積立金管理運用独立行政法人）が新しい投資先として、自ら事業を運営することが望ましいと考えました。株や債券などの金融商品だけでなく、

エネルギーや住宅などの実業により確実に収入を得て、同時に積年の社会問題を一部ではありますが解決することができるのです。そして、その運用益は年金の財源になります。結果的には、赤字国債の発行額の減少につながります。大それた提案ですが、実現できると思っています。

経済破綻は引き金に過ぎません。この「3つの用意」は、今からでもできることです。

本書の役割は、来るべき経済危機の際、特需で洪水のように流れるお金の使い途を明確にしておくことです。あふれたお金を必要なところに円滑に流すための水路をつくります。あらかじめ効果的な手当てを用意しておくのです。突然に危機が起きた時に慌てずに対処できる「用意」が必要です。

本書の「3つの用意」の考えを受け継ぎ、さらに考えを詰めてまとめる人、それを広く伝えて合意形成を図る人、その力を政治に反映させて実行する人など、それぞれの役割に応じて、自分が使命を帯びていると直感する人が現れてくれることを願います。本書は、そういう人たちへの呼びかけです。

日本の経済が安定し続けることが、世界の平和を維持する上で大変重要です。平和憲法を持つ国の責任として、日本の役割はとても大きいことを自覚することが大切です。

参考文献

東秀紀『漱石の倫敦、ハワードのロンドン　田園都市への誘い』中公新書　1991年

石角完爾『預金封鎖　あなたの金融口座を国家が奪うとき』きこ書房　2015年

猪木武徳『日本の〈現代〉11　大学の反省』NTT出版　2009年

宇根豊『農本主義のすすめ』ちくま新書　2016年

大橋武夫『決心　画で見る経営戦略』時事通信社　1964年

川北隆雄『日本国はいくら借金できるのか？　国債破綻ドミノ』文春新書　2012年

川田稔『石原莞爾の世界戦略構想』祥伝社新書　2016年

佐々木寛司『地租改正　近代日本への土地改革』中公新書　1989年

武田知弘『大日本帝国の国家戦略　日本はなぜ短期間でアジア最強になったのか？』彩図社　2013年

中村哲『天、共に在り　アフガニスタン三十年の闘い』NHK出版　2013年

中村哲『カラー版　アフガニスタンで考える国際貢献と憲法九条』岩波ブックレット　2006年

西山夘三『現代の建築』岩波新書　1956年

『いま学ぶべき井上準之助の景況観　第9・第11代日本銀行総裁井上準之助の講演記録より』日本信用調査株式会社出版部　1993年

浜田宏一他『伝説の教授に学べ！　本当の経済学がわかる本』東洋経済新報社　2010年

福田和也『地ひらく　石原莞爾と昭和の夢』文藝春秋　2001年

藤村欣市朗『高橋是清と国際金融』福武書店　1992年

松尾正人『廃藩置県　近代統一国家への苦悶』中公新書　1986年

福永博建築研究所代表　福永　博（ふくなが・ひろし）
1945年、福岡市生まれ。福岡大学建築学科卒業。一級建築士。歴史や文化・伝統から学び、理解したものを継承しながら、社会や地域に必要なことが何かを考え、その上で、住む人、使う人の立場に立った「建築と街づくり」を実践している。「マンションの革命」ともいえる超長期耐久マンション「300年住宅」を提唱、実現不可能ともいわれたが、建物を実際につくり上げた。150項目を超す特許を取得している。生け花の師範でもある。

■受賞歴
「シャトレ赤坂・けやき通り」第1回福岡市都市景観賞
「北九州公営住宅　西大谷団地」第7回福岡県建築文化大賞（いえなみ部門）
「ガーデンヒルズ浄水Ⅰ・Ⅱ・Ⅲ」プライベートグリーン設計賞
「けやき通りの景観整備及び環境向上運動」第11回福岡市都市景観賞
「コンテナ浴室」新建築家技術者集団新建賞
「レンガの手摺り壁」一般社団法人発明協会発明奨励賞
「応急仮設住宅計画コンペ」奨励賞

■著書
『博多町づくり』（私家版）
『SCENE　建築家が撮ったヨーロッパ写真集』（私家版）
『バブルクリアプラン』（私家版）
『300年住宅　時と財のデザイン』（日経BP出版センター、1995年）
『300年住宅のつくり方』（建築資材研究社、2009年）
『風流暮らし　花と器』（海鳥社、2012年）
『米と発電の二毛作』（海鳥社、2014年）
『田んぼの発電所』（海鳥社、2015年）

［編集スタッフ］草野寿康／福永晶子／井原堅一／吉岡俊子／梅根常三郎／田村理恵

株式会社福永博建築研究所
〒810-0042　福岡市中央区赤坂2丁目4番5号　シャトレけやき通り306号
電話 092(714)6301　　E-mail info@fari.co.jp
福永博建築研究所ホームページ　http://www.fari.co.jp/
田んぼの発電所（米と発電の二毛作）ホームページ　https://www.pv-rice.com/

破綻後、経済を立て直す具体策　3つの用意

2017年9月15日　第1刷発行
著　者　福永博建築研究所
発行者　杉本雅子
発行所　有限会社海鳥社
　　　　〒812-0023　福岡市博多区奈良屋町13番4号
　　　　電話092(272)0120　FAX092(272)0121　http://www.kaichosha-f.co.jp
印刷・製本　モリモト印刷株式会社
ISBN978-4-86656-011-3　［定価は表紙カバーに表示］